韩愈传

张弘韬 著

民主与建设出版社

·北京·

图书在版编目（CIP）数据

韩愈传 / 张弘韬著 . -- 北京 : 民主与建设出版社，
2024.2

ISBN 978-7-5139-4480-9

Ⅰ . ①韩… Ⅱ . ①张… Ⅲ . ①韩愈（768-824）- 传
记 Ⅳ . ① K825.6

中国国家版本馆 CIP 数据核字（2024）第 007634 号

韩愈传

HAN YU ZHUAN

著　　者	张弘韬	
责任编辑	宁莲佳	
封面设计	言　成	
出版发行	民主与建设出版社有限责任公司	
电　　话	（010）59417747　59419778	
社　　址	北京市海淀区西三环中路 10 号望海楼 E 座 7 层	
邮　　编	100142	
印　　刷	天宇万达印刷有限公司	
版　　次	2024 年 2 月第 1 版	
印　　次	2024 年 2 月第 1 次印刷	
开　　本	880mm×1230mm　1/32	
印　　张	8	
字　　数	180 千字	
书　　号	ISBN 978-7-5139-4480-9	
定　　价	42.00 元	

注 : 如有印、装质量问题，请与出版社联系。

目录 CONTENTS

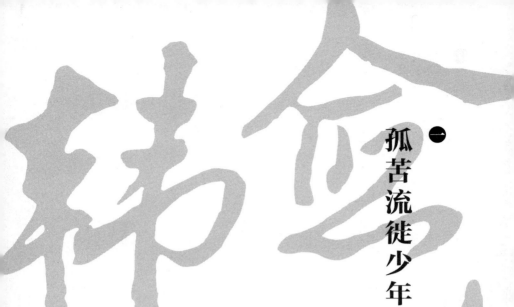

孤苦流徙少年时

　　天将降大任于是人也，必先苦其心志，劳其筋骨，饿其体肤，空乏其身，行拂乱其所为，所以动心忍性，曾益其所不能。

　　　　　　　　——《孟子·告子下》

儒学传世家

　　韩氏著姓，源远流长。根据《史记》卷四十五《韩世家》，韩之祖出周姬姓。苗裔事晋，封于韩原（一说在今陕西韩城市西南，一说在今山西芮城），称韩武子，为一世。三世韩厥，谥献子，从封姓为韩氏。四世宣子，五世贞子，六世简子，七世庄子，八世康子，九世武子，十世景侯，十一世列侯，十二世文侯，十三世哀侯。哀侯元年（前376），与赵、魏分晋；二年，灭郑，徙都于郑，是为韩城；后成战国七雄之一，以城为国，韩遂为著姓。哀侯传懿侯，懿侯传昭侯，昭侯传宣惠，始称王。宣惠王传襄王仓，襄王传釐王咎，釐王传桓惠王，再传王安，在位九年，为秦所灭（前230年）。韩立国后封王在宣惠王时（前332年—前312年在位），世称韩姓之祖韩王信者，乃宣王之嗣襄王仓孽孙。孽孙者，乃庶出。史称韩王信乃虮虱之子，汉高祖时封韩王，后北投匈奴，过颓当城生子名颓当。颓当于汉文帝刘恒（前180—前157年在位）时入汉，赐爵弓高侯。淮阴侯者，与韩王信为两人。且淮阴侯信为吕后所诛灭三族，相传一子为萧何保护，隐匿岭南改姓何，或谓江淮间同声音变。故韩愈谓"何与韩同姓为近①"。按《史记》《汉书》《后汉书》《三国志》《魏书》《晋书》及南北史等文献记载，秦汉至隋唐，韩氏著姓大体分三支：

一支由颓当、说、增、术、纯、暨等组成，此支最繁。纯之子暨裔孙延之一族，至韩瑗，相唐高宗。暨另一支传至韩弘，唐宪宗时为相。

暨分支称籍南阳，纯所传另一支安之以下传之玄孙韩播（字远游），徙居昌黎棘城，传之韩休，相玄宗；休子滉，相德宗。（此乃《新唐书·宰相世系表》著录四支其三共四相。惟韩愈一支未及相位者。）

此二支分徙，占籍南阳、昌黎两地，皆为后世子孙所称之祖籍。昌黎韩氏较著者有韩秀和韩麒麟二族。韩秀一族，直称昌黎人，未明来源；韩麒麟一族，除说他是昌黎棘城人之外，明说他为韩增孽孙，祖籍南阳。昌黎韩秀与韩麒麟很有可能为较亲的同族，但二人传记中均无相关记载。若为一族，则都是韩增后裔（确切地说因增无后，兄兴子嗣，故当为兴后裔），也皆由南阳来，时间当在西晋亡、东晋立，前燕、北魏起的这个战乱时期。以上是南阳、昌黎两大支系的韩家。另一支韩家，则是由颓当孽孙韩棱、韩茂传之叡素、仲卿、愈一族。韩棱自称颍川舞阳人，至耆，北魏时徙居常山九门（在今河北石家庄市东北），后随魏南迁，定居河阳（今河南孟州市西北）。韩愈一族自颍川徙常山九门，终居河阳，未言及徙居南阳者。

---

① 《韩昌黎全集》卷二十《送何坚序》。又见《容斋三笔》卷五《何韩同姓》。

　　这就比较清楚地得出：韩氏一族由韩王信子颓当以下分两大支。韩说一支最繁，至孽孙纯分延之、安之两支派。一仍居南阳，一居昌黎。而另一大支，即韩棱至韩愈，徙九门而定居河阳。韩氏谓颍川舞阳者，乃韩国被灭后韩氏落居之地，其地属韩国，距韩都也近。南阳者，则是前后汉之交，王莽之乱时期，韩氏避居之地。因族中韩骞、韩暨等影响大，又世居之，故为后世韩氏所称，当是韩氏第二祖籍。昌黎与河阳二地，则是颓当后裔两大著族所居之地。因诸韩皆称一祖，自当一家，互称名族，振起韩氏，则是魏以下，唐之世的世人心态。这样，说韩秀、韩麒麟为昌黎人；韩愈等称昌黎者为郡望；韩愈为河阳人，就不会混淆了[1]。至于说今河北昌黎，乃韩愈卒六百年后才有其名，谓韩愈祖籍河北昌黎或谓韩愈为河北昌黎人，是错误的[2]。

　　关于韩愈的里籍，韩愈诗文中记载十分明确，唐人亦无歧义。其弟子李翱《祭吏部韩侍郎文》说韩愈卒于长安，而葬时"丧车来东，我刺庐江"。此东所指乃河南河阳。他在给岳母写的《故朔方节度掌书记殿中侍御史昌黎韩君夫人京兆韦氏墓志铭》里则直说："殿中君之先葬于河阳，惟君之没，不得其丧（指韩弇因吐蕃毁盟被害于平凉不得归葬事），夫人是以不克葬于河阳，而独坟于陈留，弗克祔于殿中君之族，而依于女子氏之党，以从女子之怀，权道也，且将有待也。"韩君即韩愈从兄韩弇，

----

① 详说见张清华《韩愈大传》第五卷《韩愈先祖占籍与世谱考》，中州古籍出版社2003年版。
② 张清华《昌黎〈韩氏家谱〉考辨》《"昌黎"之谜》。

愈三叔礼部郎中云卿之子。皇甫湜《韩文公神道碑》也说：韩愈
"宝历元年三月癸酉，葬河南某县"。此河南指河南府，河阳为
都畿道河南府属县。《韩文公墓志铭》亦云："其年（长庆四年）
十二月丙子，遂薨。明年正月，其孤昶，使奉功绪之录，继讣以
至。三月癸酉葬河南河阳，乃哭而叙铭其墓。""功绪之录"，必
是韩昶及家人按韩愈家世、里籍、仕历等实录所撰，皇甫湜既知
情，又据实录，必不会有误。足为依据的是韩愈亦多次说他家在
河阳。他在《复志赋》里云："嗟日月其几何兮，携孤嫠而北旋；
值中原之有事兮，将就食于江之南。"北旋指与嫂扶兄灵柩归葬
中原之河阳。安史之乱逼近河阳时，为避中原之乱迁江南宣城的
出发地也是河阳。在《画记》里云："贞元甲戌年（794），余在
京师甚无事，同居有独孤生申叔者，始得此画而与余弹棋，余幸
胜而获焉。……明年，出京师，至河阳，与二三客论画品格，因
出而观之。"明年即贞元十一年（795），韩愈因求官无望，侄
子老成又在故里服期，故于五月二日东归，此记里河阳亦指他的
里籍。正如他在《祭十二郎文》里所说："吾年十九，始来京城，
其后四年，而归视汝；又四年，吾往河阳省坟墓，遇汝从嫂丧来
葬。"也就是《祭郑夫人文》里说的："孰云此来，乃睹灵车。"
《祭十二郎文》又说："吾力能改葬，终葬汝于先人之兆。"先
人之兆者，河阳祖茔也。韩愈在《祭女挐女文》里说"逢岁之
吉"，把四女儿韩挐的尸骨从商南层峰驿，"致汝先墓"者，指
河阳韩氏祖茔。即《女挐圹铭》里所说："归女挐之骨于河南之
河阳韩氏墓葬之。"樊汝霖、严有翼皆注为河阳。韩愈在《寄崔

二十六立之》诗里说："旧籍其东都，茅屋枳棘篱。"自唐高宗显庆二年（657）至武宗会昌三年（843）的一百八十七年间，河阳均属东都，故可得知，韩愈为河南河阳人。他在与孟郊等人的《会合联句》里说："我家本瀍谷，有地介皋巩。"瀍指瀍水，出谷城县北，经新安，东入洛阳之洛水；谷，指谷水，源出渑池县南，东流过新安，至洛阳入洛水。或谓即谷旦县，在今孟州市的谷旦镇。皋指成皋县，在今荥阳汜水镇；巩指巩县，今巩义市。《新唐书·韩愈传》据李白《武昌宰韩君去思颂碑》谓仲卿（韩愈父）南阳人，加上"邓州"二字，并不错；因唐时南阳曾属邓州。有的研究者不明地域隶属的地理沿革、南阳亦是韩氏祖籍，欲为河阳说辩解，揭出河阳为"晋启南阳"之说，愈辩愈乱。至近世产生了河阳、南阳、昌黎（昌黎又出棘城昌黎、河北昌黎二说）之说。其实，若明晰上述韩氏迁徙变化，熟悉韩愈诗文，应不会出现无谓的争论和错误。

韩愈一族自韩茂起定居河阳，除韩愈葬于金山之阳、邙山之凤凰岭的韩庄外，自韩茂至愈子昶俱葬今孟州城西北十公里许的尹村，为韩氏祖茔。坟茔宏敞阔大，北靠太行，南眺大河，北高南低，慢陂缓下，半环沟壑，而中高如台，居高临观，尤似元宝；若在唐时，松柏槐枥，郁郁葱葱，气势盛大，韵味足，真是一块卧牛宝地。古时韩茔墓冢比比，碑石林立，惜毁于战乱；据当地老人回忆，民初以来尚存韩茂墓碑，后又毁坏；甚幸者明代盗墓贼曾遗一石，经辨认乃韩昶墓志，现存孟州韩氏旧祠堂，确证尹村之墓乃韩愈祖茔。

韩愈墓为何独置，乃千古之谜。传说虽多，都无实据。若从韩愈性格、诗文及行年考察，韩愈有着"少小尚奇伟，平生足悲咤。犹嫌子夏儒，肯学樊迟稼？事业窥皋稷，文章蔑曹谢①"的性格、欲自振一代的志向，他大概是不愿列于众墓冢之次的；此处北靠金山，实是太行山南的一道土岭，东起县城之北，岭头昂起，向西伸展无穷，恰似一条卧龙；岭上岭下布满松柏杂树，蓊郁蒸蔼，望之欲活；隔河地近洛都北邙皇家豪门必争之墓地，韩愈墓正南乃隆起颇像凤翅的土丘，人称凤凰岭，故旧《孟县志》特绘韩愈墓地域形势图标明：北靠金山，脚蹬凤岭，中窥黄河，龙凤之姿，山水之秀，坐北朝阳，气韵含和。韩愈多次经临此地，自然感到这里风水好，环境美，是自己极好的归宿之地，个中或时有流露，或示意后人，故得长眠此地。

从韩棱之后韩辅、韩演至韩耆，中有二百五十年断缺，尚难细说。自韩耆、耆子韩茂至韩愈，世系清楚。然细究起来，按韩愈《赣州司户韩府君墓志铭》云："安定桓王五世孙叡素为桂州长史，化行南方。"《新唐书·宰相世系三上》及宋洪兴祖《韩子年谱》均与韩愈所记同：叡素为茂五世孙，仲卿为六世，也必有阙如。按《魏书》卷五十一《韩茂传》，茂卒于北魏文成帝太安二年（456），子均卒于孝文帝延兴五年（475），《北史》卷三十七《韩茂传》同；再按生于大历三年的韩愈"三岁而孤"，其父约卒于大历五年（770）。茂与仲卿之卒相去三百一十四年，

---

① 《韩昌黎全集》卷二《县斋有怀》。

以六代平均，每代为五十二年有余，实不可能。以《魏书》本传记载：茂官终尚书令、征南大将军，卒赠安定王，谥桓王。长子备无子，次子均，袭爵安定公、征南大将军，延兴五年卒，谥康公。子宝石袭爵安定公。则均与畯之间至少还有宝石，由茂至叡素至少六代，韩愈之说亦误。即使为六代，至仲卿为七代，每代平均也还有四十五岁之多。中间是否还有缺代，或有议者，因无确据，则暂存疑。韩茂为大将军，均为定州刺史，韩畯为雅州都督，韩叡素为桂州长史，多偏于武职；韩愈常提起祖茂者，不但官高爵显，还有儒将之风，文人雅量。按韩愈行年政绩，当有乃祖基因。对他影响最大的是父辈与元兄。唐李白《武昌宰韩君去思颂碑并序》：

> ……七代祖茂，后魏尚书令、安定王。五代祖钧（一作均），金部尚书。曾祖畯，银青光禄大夫、雅州刺史。祖泰，曹州司马。考叡素，朝散大夫、桂州都督府长史。分茅纳言，剖符佐郡，奕叶明德，休有烈光。君乃长史之元子也。……少卿，当涂县丞，感慨重诺，死节于义。云卿，文章冠世，拜监察御史，朝廷呼为子房。绅卿，尉高邮，才名振耀，幼负美誉。……

此文比较系统地列出了其家世，谓茂为仲卿七世祖之说可取；说均为仲卿五世祖就错了。均乃茂之次子，字天德，兄字延德，弟天生，伦序清楚，均之子宝石才是仲卿的五世祖。仲卿长子韩会卒于大历十四年（779），年四十二，父卒时三十三。以仲卿比子会年长二十岁计，卒时也当有五十多岁；他又与李白同时而小于李白，当生于开元初。入仕在天宝初，曾任铜鞮尉，安史乱中调武昌令，有治绩，改鄱阳令，代理数县，召回京，任从六品上阶的秘书郎。按《洪谱》所云：仲卿卒，赠尚书右仆射。唐元稹《赠韩愈父仲卿尚书吏部侍郎》载，韩愈任国子祭酒时追赠秘书少监，从四品上阶。李白将他比作孔丘、子贱那样的大圣大贤，说：仲尼，大圣也，宰中都而四方取则；子贱，大贤也，宰单父，人到于今而思之。乃知德之休明不在位之高下，其或继之者，得非韩君乎？其认为仲卿继承了孔丘、宓子贱那样的圣贤之风。

仲卿不仅是崇尚道统，有圣贤遗风的清官贤臣，还是一位博通文章的名士。《龙城录》上有一段有趣的故事：一天晚上，仲卿梦见一戴乌帽的少年，风姿磊落，像神仙一样，揖手拜求仲卿说："我有文集在建邺李氏家，他是当今有名的文士，肯为我讨要来么？如果肯为我讨要并作序，我当在阴司报答你啊！"仲卿答应了那位少年的请求。那位少年去而复回对仲卿说："我是曹植曹子建呀！"仲卿醒来后检点邺中的书，得《曹子建集》，分为十卷，并为其作序。上述这个故事说明世人对前辈仲卿文名的崇信①。

---

① 《龙城录》二卷，旧题唐柳宗元撰。龙城，柳州也。此书宋葛峤编入《柳集》，然《新唐书·艺文志》不著录。《朱子语录》等以为王铚作。宋以来辞赋家每多称引。

二叔少卿，重然诺，死于节义，也是传统儒学的崇拜者。最受韩愈尊重的是三叔云卿①。《科斗书后记》云：

> 愈叔父当大历世，文辞独行中朝，天下之欲铭述其先人功行取信来世者，咸归韩氏。于时李监阳冰，独能篆书，而同姓叔父择木善八分，不问可知其人，不如是者，不称三服，故三家传子弟往来。……

按韩愈所说，李白所称其为"子房"看，他既长于文，亦享名于安史之乱前后的玄、肃、代三朝，与李华、萧颖士、独孤及为文友，其文行又影响从侄韩会及会弟韩愈。子俞，卒于开封尉；韩弇，卒于平凉之盟，有文名，为北平王马燧、侍中浑瑊所重。中唐著名古文家、思想家、云卿孙女婿李翱在《故朔方节度掌书记殿中侍御史昌黎韩君夫人京兆韦氏墓志铭》中称云卿为礼部郎中，且记韩弇事迹云：

> ……（昌黎韩氏）府君讳弇，自后魏尚书令、安定桓王六世生礼部郎中云卿，礼部实生府君，进士及第，朔方节度请掌书记，得秘书省校书郎，累迁殿中侍御史。贞元三年（787），吐蕃乞盟，诏朔方节度使即塞上与之盟，宾客皆从。其五月，吐蕃不肯盟，殿中君于是

---

① 韩云卿仕终礼部侍郎。

遇害，时年三十有五。……①

韩愈为从兄韩岌写的《虢州司户韩府君墓志铭》云：

> ……（叡素）有子四人，最季曰绅卿。文而能官，尝为扬州录事参军，事故宰相崔圆。圆狎爱州民丁某，至顾省其家。后大衔会日，司录君趋以前大言曰："请举公过！公与小民狎，至其家，害于政。"圆惊谢曰："录事言是，圆实过。"乃自署罚五十万钱。由是迁泾阳令，破豪家水碾，利民田顷凡百万。君讳岌，桂州君之孙，司录君之子，亦以能官名。……

又《祭十二兄文》云：

> ……维我皇祖，有孙八人，惟兄与我，后死孤存。……

由此可知，岌也是以文名与廉能闻于时的。

韩会在韩氏家族大排行中为第六，故韩愈称韩会夫人为六嫂；韩愈排十八，故自称"十八翁"。在仲卿八孙中韩会居长，

---

① 吐蕃相平凉劫盟及韩弇事，亦见《旧唐书·德宗纪上》、《资治通鉴》卷二百三十二、《唐纪》四十八及李观《李元宾文集》卷二《监察御史韩弇没蕃文》。

故愈称元兄。诸兄中对愈最亲、影响最大者乃韩会。唐肃宗李亨上元至代宗李豫大历间，会与崔造、卢东美、张正则游处于江淮间，好言当时政事，自谓有王佐之才；以道德文学伏一世，大夫士谓之"四夔"。以其道与夔皋侔，或云夔尝为相，四人者，自在隐约，天下许以为相。故浙西观察使李栖筠推荐，入朝为起居舍人。尊儒学，有文章，善清言，能歌啸。名誉既重，以故多谤，大历十二年贬韶州刺史卒。曾与三叔云卿游于李、萧、独孤之门，与柳宗元父镇等交好，故宗元称为"先人之友"，今传有《文衡》一篇。宋王铚《韩会传》云："会与其叔云卿，俱为萧、李爱奖。其党李纾、柳识、崔祐甫、皇甫冉、谢良弼、朱巨川并游。会慨然独鄙其文格绮艳，无道德之实，首与梁肃变体为古文章。为《文衡》一篇，曰：'盖情乘性而万变生。圣人知变之无齐必乱，乃顺上下以纪物。为君为臣，为父为子，俾皆有经，辩道德仁义礼智信，以管其情，以复其性。此文所由作也。故文之大者，统三才，理万物；其次叙损益，助教化；其次陈善恶，备劝戒。始伏羲，尽孔门，从斯道矣。后之学者，日离于本：或浮或诞，或僻或放，甚者以靡以逾，以荡以溺；其词巧淫，其音轻促。噫！启奸导邪，流风薄义，斯为甚！'[①]"可知韩氏重礼有文，传诸基因也。

---

① 见《全唐文纪事》卷三十九《表扬一》，中华书局上海编辑所编辑1959年版，第504页。

三岁失怙恃

韩愈，大历三年（768）生，长庆四年（824）卒。官终吏部侍郎，世称"韩吏部"；谥曰"文"，称"韩文公"。字"退之"，查韩愈诗文，最早见于记载者，是他少年时所写的《芍药歌》："丈人庭中开好花，更无凡木争春华。翠茎红蕊天力与，此恩不属黄钟家。……一樽春酒甘若饴，丈人此乐无人知。花前醉倒歌者谁？楚狂小子韩退之。"诗载《韩昌黎全集》外集卷一，钱仲联《韩昌黎诗系年集释》以为此诗应是贞元前韩愈避地江南作。韩愈名与字所含欲进当退，以退为进的深意是令人发聩的。这在他后来给朋友侯继的信里讲得很明白："冀足下知吾之退，未始不为进；而众人之进，未始不为退也。[1]"从韩愈在诗文中多次慨叹他生辰不佳、命宫多艰而又欲自振一代的思想玩味，这名与字着实起得好，他自己也真能身体力行。

韩愈在为嫂子写的《祭郑夫人文》里说"我生不辰"，是怎么回事呢？这在元和二年（807）他为躲避流言蜚语陷害，不得

---

[1]　《韩昌黎全集》卷十六《答侯继书》。

不离开长安、任教东都时写的《三星行》中作了回答。他说：我出生的时辰，月正位于南斗星座的中央，牵牛星光斜射像奋起的牛角，箕星张开大口。牛本来是驾车的，却不去驾，斗本来是盛酒的，却不去舀，而默默地待在那里；偏偏只有箕星在那儿簸簸扬扬，搬弄是非。斗牛二星皆不显灵，偏偏主晦气的箕星独显灵验，使"我"遭人谤毁，一生多灾多难。所以，韩愈认为自己一生下来就是倒霉的磨蝎之命。磨蝎是十二宫之一的星名，人生磨蝎之辰，一生或许会多灾多难。如元尹廷高《挽尹晓山》诗云："清苦一生磨蝎命，凄凉千古耒阳坟。"苏轼一生遭遇不下韩愈，所以，他在《退之平生多得谤誉》里讲："退之诗云：'我生之辰，月宿南斗。'乃知退之磨蝎为身宫，而仆乃以磨蝎为命。平生多得谤誉，殆是同病也。[1]"明都穆《南濠诗话》也以实例证明磨蝎宫命不佳，说："韩文公诗曰：'我生之初（辰），月宿南斗。'东坡谓公身坐磨蝎宫，而己命亦居是宫。盖磨蝎即星纪之次，而斗宿所缠也。星家言身命舍是者，多以文显。以二公观之，名虽重于当世，而遭逢排谤，几不自容，盖诚有相类者。吾乡高太史季迪为一代诗宗，命亦舍磨蝎，又与坡翁同生丙子。洪武初，以作文竟坐腰斩，受祸之惨，又二公之所无者。吁！亦异矣。[2]"

从当时的政治形势看，安史之乱虽于韩愈出生前五年（763）

---

① 《东坡志林》卷一。
② 《历代诗话续编》，中华书局1983年版，第1355页。

结束，战乱却仍然不断：吐蕃大肆侵略，十月攻占长安，代宗逃到陕州。长安虽然收复，下年八月仆固怀恩谋反又引回纥、吐蕃入侵，十月直逼长安，大肆掠夺。大历二年（767）淮西藩镇与吐蕃夹击，京师戒严。就在韩愈出生的大历三年（768）六月，幽州兵马使朱希彩杀节度使李怀仙，自称留后。八月吐蕃又扰灵武、邠州，京师戒严。在这七八年里，文坛之上，诗人王维、李白、高适、储光羲、杜甫及画家郑虔相继去世，可谓巨星陨落，衰萎凋谢。

就韩愈本身来看，他降生在人世间还不到两个月，就失去了生身母亲。但值得庆幸的是，韩愈有一位如同亲母一样的乳母呵护他：

> 乳母李，徐州人，号正真。入韩氏，乳其儿愈。愈生未再周月，孤，失怙恃，李怜不忍弃去，视保益谨，遂老韩氏。及见所乳儿愈举进士第，历佐汴徐军，入朝为御史、国子博士、尚书都官员外郎、河南令。娶妇，生二男五女。时节庆贺，辄率妇孙，列拜进寿。年六十四，元和六年三月十八日疾卒。卒三日，葬河南县北十五里。愈率妇孙视窆封，且刻其语于石，纳诸墓为铭[1]。

---

[1] 《韩昌黎全集》卷三十五《乳母墓铭》。

韩醇曰:"葬乳母且为之铭,自公始。"①这种由韩愈创始的文化现象:道德规范、文体格式及文章的字洁语隽都值得称道。鉴于对韩愈生母问题素有争议,进一步研讨这一问题,对认识当时的社会生活、体察韩愈的心态都有帮助。归纳起来有:一曰愈母是与韩氏门楣相当的妇人,其中有两种可能:或是仲卿原配,或为续弦。若是原配,韩愈当与韩会同母,韩会比韩愈年长三十,即使她十五岁与仲卿结婚,生子最早也有十六七岁,那么生韩愈也在四十六七之后,按女子生育能力和已有壮岁多子,且或有孙的现实看,极少可能。或为续弦的少妇所生,若此怎么可能生子不到两月就弃亲子离丈夫他适?若说原配及新妇生子月余而死,按产妇一般情况,因难产、生产失血多、中风而死者,多在分娩时或稍后;满月后一段时间,产妇身体已经恢复,又有家人与仆人精心照顾母子,生母猝死者少。何况就其心态说若是原配嫡出,或如元稹之于裴氏,韩愈不会终生不提,心理压抑黯然。唐人素重门第,韩愈因其夫人卢氏之母出于玄宗名相苗晋卿之兄,故而津津乐道。故愈为原配、续弦所生之说可信性极小。二曰为婢妾生,又有二说:一者如旧时借人生子,生后被黜。此说又无道理。仲卿已有成名之子,又是多子,借人生子实无必要;仲卿乃圣贤之徒,既不会借腹生子,更不会忍心把刚生子的少妇赶出家门。二者因为韩愈对乳母李正真异乎寻常的态度,墓志铭文敬称其字,而不敢直呼其名等情况,疑乳母李氏即其生

———————

① 《五百家注昌黎文集》卷三十五注引。

母^①。虽无直接文献资料可证，按实际情况推测，较以上诸说为近。李氏或为仲卿所喜爱，又生聪慧娇子，这环境对李氏留下也很有利。仲卿任秘书郎约在代宗大历初，韩愈出生当在京城长安，仲卿任秘书郎时。

自代宗大历三年韩愈降生后，虽时或发生边境骚扰，藩镇兵乱，却无大的战事。代宗外与回纥等媾和，免除了边患；内罢鱼朝恩观军容使后处死，暂时减少了宦官拥兵、藩镇倚其自重的威胁；又安抚起用前朝贤臣名将魏徵、王珪、李靖、李勣、房玄龄、杜如晦之后，励精图治，故社会比较安定。韩愈随父住在长安官舍，老来得子的仲卿有时间便与年轻的乳母逗逗这聪颖的小精灵，其由李氏日夜精心护持于襁褓之中，也算平安幸福。可是，更大的不幸又降临在这个还不懂事的孩子身上：他的父亲在他刚刚三岁的时候便病逝了。韩愈变成了孤儿，正如他自己说的"三岁而孤"，再一次使他确信自己生的时辰不好。韩愈失去父亲，不仅是失去了至亲，也失去了不可多得的良师。

① 详参《中国思想家评传丛书·韩愈评传》卞孝萱所写之《生母之谜》，南京大学出版社1998年版。阎琦、周敏《韩昌黎文学传论》中《关于韩愈的生母》，三秦出版社2003年版。刘国盈《韩愈丛考》，文化艺术出版社1999年版。

泣血哀号天

　　韩会与妻子郑夫人来到长安，办理父亲的丧事，他扶着父亲的灵柩，带着幼弟韩愈、乳母李氏，回到了河阳老家，开始了庐墓服期的生活。

　　韩愈有三个哥哥，一早夭无名，韩会、韩介都是上孝下悌的典型，不幸二哥韩介仅官率府参军，就早早去世了。大哥韩会无子，二哥韩介二子：韩百川、韩老成。老成过继给会为嗣子，有二子韩湘、韩滂。因百川早卒无子，韩愈又让老成次子滂回继给百川为嗣子。韩老成，排行十二，称十二郎，韩愈写的《祭十二郎文》即为老成所撰。韩湘是韩老成的长子，字北渚，长庆三年（823）及进士第，官至大理寺丞。韩老成比韩愈小五岁，实际上也是幼孤之后收养在伯父韩会家的，命运大抵与韩愈相同。无怪他在写《祭十二郎文》时涕泪哭诉，悲痛欲绝。二人实虽叔侄，但情则同相依为命的手足。

　　韩愈为其嫂子写的《祭郑夫人文》可谓情感真挚，哀婉恸极。"蒙幼未知，鞠我者兄，在死而生，实维嫂恩"，十六字的肺腑之言，不仅表达了韩愈对兄嫂养育之恩的感激，更可以看出兄嫂对他的慈爱。韩会、郑夫人给予韩愈的不仅是兄嫂之爱，这对比幼弟年长三十岁的长兄夫妇，也给了他父爱和母爱。从韩愈一生的情况看，这种无私的爱，确实也修补了韩愈幼小心灵上所受的创伤。

韩会服除后料理完河阳的事情，便移居洛阳。约于大历九年（774），韩愈七岁时，韩会经李栖筠举荐，进京当了从六品上的起居舍人，负责记录皇帝的起居事宜。韩愈与韩老成也随之住到了长安，他在祭嫂文里说："未龀一年，兄宦王官，提携负任，去洛居秦。"韩愈过上了兄嫂给予的"念寒而衣，念饥而飧；疾疹水火，无灾及身。劬劳闵闵，保此愚庸"的生活，并开始读书。正如他在《上宰相书》里所说："今有人生七年而学圣人之道以修其身，积二十年。"《与凤翔邢尚书书》里也说："生七岁而读书，十三而能文，二十五而擢第于春官，以文名于四方。"可是，还没有过上几年安定的生活，更大的灾难又落到年幼的韩愈头上，使得刚刚开始读书习文的韩愈，从此过上了动荡流徙的生活。

代宗（李豫）大历十二年（777）三月庚辰，发生了一桩震惊朝野的大事。这天正值朝日，李豫怒气冲冲地坐在延英殿上，其舅左金吾大将军吴凑披甲执剑站在一旁，文武大臣肃立两厢，殿下押上宰相元载、副相王缙等一批人犯。众文武早知二人的行为与罪恶，欲诛之，只是他们深得皇上信赖，力不从心，不想今日如愿。李豫拍案而起，命人宣读对元载等人处分的敕旨：

……中书侍郎、同中书门下平章事元载，性颇奸回，迹非正直。宠待逾分，早践钧衡。亮弼之功，未能经邦成务；挟邪之志，常以罔上面欺。阴托妖巫，夜行解祷，用图非望，庶逭典章。纳受赃私，贸鬻官秩。凶妻忍害，暴子侵牟，曾不提防，恣其凌虐。行僻辞矫，心狠貌恭，使沈抑之流，无因自达，赏罚差谬，罔不由兹。顷以君臣之间，重于去就，冀其迁善，掩而不言。曾无悔非，弥益凶戾，年序滋远，衅恶贯盈。将肃政于朝班，俾申明于宪纲，宜赐自尽。……

又制曰：

门下侍郎、同中书门下平章事王缙，附会奸邪，阿谀谄佞。据兹犯状，罪至难容，矜以耋及，未忍加刑。俾申屈法之恩，贷以岳牧之秩。可使持节括州诸军事，守括州刺史，宜即赴任。……①

元载、王缙弄权，贪赃枉法，卖官鬻爵，妻子家奴依倚权势横行胡为，使气积怨于朝堂群僚。因元载深得宠信，王缙乃平安史乱有功老臣，不忍严惩；多次开导，期之改恶从善，他们不但

---

① 《旧唐书》卷一百一十八《元载传》，中华书局1975年版，第3413页。

不听，反而愈演愈烈。代宗在忍无可忍的情况下，才以夜醮①图为不轨将其绳之以法。

如《资治通鉴》云：

> ……中书侍郎、同平章事元载专横，黄门侍郎、同平章事王缙附之，二人俱贪。载妻王氏，及子伯和、仲武，缙弟、妹及尼出入者，争纳贿赂。又以政事委群吏，士之求进者，不结其子弟及主书卓英倩等，无由自达。上含容累年，载、缙不悛。……

又云：

> ……上欲诛之，恐左右漏泄，无可与言者，独与左金吾大将军吴凑谋之。凑，上之舅也。会有告载、缙夜醮图为不轨者，庚辰，上御延英殿，命凑收载、缙于政事堂，又收仲武及卓英倩等系狱。……②

此为代宗亲自处理，以二权相为首，涉及百余人，堪称中唐

---

① 夜醮（jiào）：大历十二年（777年）三月庚辰，有人举报元载和王缙在夜晚设醮，图谋不轨。醮，打醮，道教为信徒设坛祭祷以求福消灾的宗教仪式。
② 《资治通鉴》卷二百二十五，代宗大历十二年。中华书局1956年版，第7241、7242页。

时期的第一大案，其中贬吏部侍郎杨炎为道州司马，元载党也。谏议大夫、知制诰韩洄、王定、包佶、徐璜，户部侍郎赵纵，大理少卿裴翼，太常少卿王纮，起居舍人韩会等十余人，皆坐元载贬官也[1]。

　　史籍多以韩会因元载案牵连坐罪被贬，是实。但不是如元载一党"贪污受贿，图谋不轨"的罪名，而是因他博学能文，有经世之才。入京前的青壮时期，韩会即名噪江淮、两京，因为他的名气大，又进京为起居舍人，在天子身边做事，好接引文学、才望之士的元载自然会善待他；也因元载为一人之下的宰相，韩会也当愿与他交往。因此，既有遭人嫉恨而毁谤之由，又给毁谤者以诬陷之机。所以，柳宗元谓韩会"以故多谤，至起居郎（当作舍人），贬官，卒"[2]。韩愈在《祭郑夫人文》里也说："兄罹谗口，承命远迁。"

　　四五月间，韩会在中官的催逼下，只得领着一家大小，离开繁华的京城。如韩愈云：

　　……昔余之既有知兮，诚坎轲而艰难。当岁行之未复兮，从伯氏以南迁。凌大江之惊波兮，过洞庭之漫漫。至曲江而乃息兮，逾南纪之连山[3]。……

① 《旧唐书》卷十一《代宗纪》。
② 《柳宗元集校注》卷十二《先君石表阴先友记》，中华书局2013年版，第767页。
③ 《韩昌黎全集》卷一《复志赋》。

　　这时韩愈才十岁。他们出蓝田关，经商州，往襄阳进发。从襄阳乘船，由汉水顺流直下即抵武昌。韩会还带着韩愈、韩老成等去看了李白撰写的《武昌宰韩君去思颂碑》。

　　在韩愈所处唐代前辈的诗人里，他最崇拜的是李白、杜甫，正如他在《调张籍》诗中说："李杜文章在，光焰万丈长。"所以，当他们经过岳阳时，自然会想起杜甫那首有名的《登岳阳楼》诗："昔闻洞庭水，今上岳阳楼。吴楚东南坼，乾坤日夜浮。亲朋无一字，老病有孤舟。戎马关山北，凭轩涕泗流。"

　　后来韩愈由阳山令移职江陵法曹，路过岳阳楼，受窦庠邀请，在岳阳楼上饮酒作《岳阳楼别窦司直》诗，当受杜诗启迪。这次韩愈随兄嫂乘船驶入这云笼雾锁、变化无常、茫茫无涯的八百里洞庭湖上，才真正体味到孟浩然《望洞庭湖赠张丞相》诗中描绘出的洞庭的气势，不觉脱口而出"八月湖水平，涵虚混太清。气蒸云梦泽，波撼岳阳城"的诗句。船过洞庭，驶入湘江，逆流难行，韩愈和韩老成兴趣盎然地注视着两岸的青山秀水。这时，虽天朗气清，却骄阳似火，纤夫们挽裤赤脚、袒胸裸背地拖着只只或大或小的木船，在沙岸上行走，汗水滴在前人走过的脚印上，有的还把头上的斗笠摘下来扇着，十分辛苦。这情景深深印在韩愈的心上。

　　五六月间，韩会一行翻过了五岭，来到了韶州。无论在洛阳，还是在长安起居舍人任上，韩会都事务繁忙，很难有这么多的时间同夫人一起给两个孩子谈今说古，讲诗论文。这次虽然是被贬南迁，但在近两个月的南行途中，无杂事烦扰。讲讲说说，有意有趣，不仅使全家免于伤情寂寞，也使两个孩子，特别是求知欲正旺盛的韩愈增添了不少知识，有了不小的长进。

韩会被贬韶州，虽腹中抱屈，却没有上怨皇上、下怠政事。五六月正是岭南炎热干旱的时候，为了保住稻谷的生长收获，他到州衙安置好家小后，便召集所辖各县及本府官员，组织百姓祭神求雨，修渠灌田。他不顾旅途劳累，虽然不服岭南炎热的气候和水土，但仍亲自带领府中官吏督促百姓抗旱。在与干旱奋斗的一二十天里，韶州的稻谷保住了，这位刚刚就任的刺史却因劳累中暑病倒了。好在六月下旬下了一场透雨，天气凉爽宜人，韩会也因庄稼得雨长势旺盛，身体渐渐好了起来。百姓看着长势好，且已抽穗的稻谷，想起这位刺史不惧当地豪绅，不养尊处优，不因贬官怠政，到任后亲自带领官吏、百姓抓大家最关心的农事，都认为他是一位清廉为民的好官。

韶州本来是岭南文化比较发达的地方，但因为中原多年战乱的影响，在很长一段时间里，官吏无心认真抓乡校，教育废弛。韩会安定了生产后，就公开召集当地的豪绅富户，商议捐资兴学的事。这些人受韶州传统的影响，确有开明人士，由这些人捐资，官府又拨了一些经费，用于修缮校舍、规整学制、聘用贤才，冷落的州学又兴盛了起来。州学再兴，也影响了各县。韩愈看在眼里，记在心上，学习也更加努力了；除了在家按兄嫂教导学习外，他有时也随兄到州学向先生请教。这时老成也开始识字、背诗、读文了。到韶州不到两年，在原来学习的基础上，韩愈读完了《诗经》《礼经》《论语》，还选读了《春秋左传》《国语》《国策》《史记》及其他子书中的名篇，背诵了不少前代人的名诗，并且练习写大小字，作文写诗。他记性好，日记千言，进步很快。

大历十四年，韩会因心里郁闷，公务劳累，又不服水土，病倒了。经医生调治，总不见效，且愈来愈重。秋天竟一病不起，卒于岭南的韶州任所。此时韩会四十二岁，韩愈才十二岁，韩老成七岁。韩会的死，是幼小的韩愈及全家遭遇的更大不幸，给刚届中年的郑夫人的精神和生活增加了沉重的压力，也使韩愈失去了一位至亲与良师。

韩会虽然是以罪而谪，却不忘祖上家风和父亲教导，以先父为榜样，在韶两年，为当地群众做了不少好事，使百姓安居乐业。同时，他对当地文人学子及辖属州县官吏，都能以礼相待，所以，在他死后，当地官吏安排他们一家大小护韩会灵柩北归，他们还在城北大道旁设祭致哀，城中百姓前呼后拥，挥泪相送，竟至十数里不归，经郑夫人等再三拜谢，大家才慢慢散归。韶州府还特地派人保护他们到达五岭北比较安全的地方才回。据说还有几位义士暗中保护，直到衡山。衡山、湘江、洞庭，这都是韩愈记忆犹新的地方。虽已相去两年，却又像刚刚经历的一样，真是一场梦啊，一场想都不敢想、想都不愿想的噩梦呀！来时大哥说的有趣的故事，仿佛仍在耳边琅琅作响。大哥真的故去了吗？他真希望这是一场梦。可是眼前的现实：大哥的灵柩，嫂嫂、自己、老成及其他家人身戴的孝，不是明明白白地摆在那里吗？韩愈想着想着掉下眼泪，抽泣起来，接着忍不住号啕大哭。这凄凉的哭声，逾过衡山，冲破高秋的晴空，与空中的雁声交织在一起，更增加了凄凉的情景。

被贬南来，扶柩北归，一路上他们水浮陆走，作了多少难，抛过多少泪，好不容易才回到故里河南河阳，在族人的帮助下，把韩会的灵柩安葬在韩氏祖茔。这境况岂不比杜甫《归雁二首·其一》中"万里衡阳雁，今年又北归。双双瞻客上，一一背人飞。云里相呼疾，沙边自宿稀。系书元浪语，愁寂故山薇"的境况更悲惨吗？杜甫悲叹家书不传，故里难归，老病孤身，流落衡、湘，连归雁都不如；而郑夫人与韩愈虽然北归，却是孤儿寡妇，伶仃孤苦，连成群结队的雁也不如。其中之悲，正如韩愈在《祭郑夫人文》里所说："兄罹谗口，承命远迁；穷荒海隅，夭阏百年。万里故乡，幼孤在前；相顾不归，泣血号天。微嫂之力，化为夷蛮。水浮陆走，丹旐翻然；至诚感神，返葬中原。"又在《祭十二郎文》里说："中年兄殁南方，吾与汝俱幼，从嫂归葬河阳。"又说："吾上有三兄，皆不幸早世，承先人后者，在孙惟汝，在子惟吾；两世一身，形单影只。嫂常抚汝指吾而言曰：'韩氏两世，惟此而已！'汝时尤小，当不复记忆；吾时虽能记忆，亦未知其言之悲也！"

避地在宣城

　　安葬韩会之后，一家便在故里住下来。对韩愈来说，要做的一是守丧，二是读书。郑夫人出身于唐代号称"五姓七家"的名门望族之一荥阳郑氏，从小读书习文，有很高的文化修养。族中也有博通经史的长者，他们都成为了韩愈和老成的老师。韩愈三岁启蒙，七岁读书，十三能文。他从小致力于经、史、诸子的学习，虽能作骈文，但常写且挚爱的却是奇句单行的古文。他十三四岁已能写一手漂亮的古文，受到乡贤的称赞。师长们还时常带他到县城和洛阳会文。如他《感二鸟赋》自谓："读书著文，自七岁至今，凡二十二年，其行己不敢有愧于道。"亦如李汉《韩昌黎集序》所说："兄卒，鞠于嫂氏，辛勤来归，自知读书为文，日记数千百言。"皇甫湜《韩文公神道碑》也说："（公）七岁属文，意语天出。长悦古学，业孔子、孟轲，而伺其文。"

　　大历十四年五月二十一日，代宗李豫崩；二十三日，德宗李适即位。次年正月朔改元建中，是为建中元年（780）。建中三年（782），韩愈回河阳老家修业读书才两三年，战乱又起，这个才十五岁的孩子，不得不随嫂嫂携家带口再次走上战乱流徙的历程。正如《祭郑夫人文》里说的："既克反葬，遭时艰难；百口偕行，避地江濆。春秋霜露，荐敬蘋蘩；以享韩氏之祖考，曰此韩氏之门。视余犹子，诲化谆谆。"也即在《复志赋》里所说："值中原之有事兮，将就食于江之南。"

从当时唐代的政治形势看，建中二年（781）成德节度使李宝臣死，其子李惟岳请袭父职未获德宗允准，惟岳即与魏博节度使田悦、淄青节度使李正己联兵拒命作乱，之后各地便兵乱不断。此三人相继被马燧平定，建中三年（782）朱滔、王武俊、田悦、李纳、李希烈又相继叛乱。十一月，以卢龙节度使朱滔为盟主，称冀王；魏博节度使田悦称魏王；恒、冀都团练观察使王武俊称赵王；自领淄青军务李纳称齐王；淮宁兼平卢、淄青、兖郓、登莱、齐州节度使李希烈称建兴王：史称"五王"之乱，使整个北中国及中原又受战乱之祸。"五王"各仿唐王朝设立官爵，称孤道寡。建中四年（783），朱泚又反，占据长安自称大秦皇帝，立弟滔为皇太弟。德宗被赶出长安，整个中原及东北西三面陷入战乱之中。郑夫人决定到江南宣城韩氏庄园避乱。时在深秋，郑夫人安排好留河阳老家的用人与物什，把应带的东西装上车，领着韩愈、韩老成等一家大小几十口人从河阳奔东南渡过黄河，从汴口乘船东下。经汴水、运河，过扬州，到润州入长江，溯江西南，到芜湖，顺清弋水而南下，便可到达宣城。河阳离宣城三千余里，虽多是顺流水路，这携家带口的逃难生活也是十分艰辛的。况且，出河阳故里，一路上时时看到车拉人推向南逃避战乱的群众，那情景很是凄惨。尤其是船过汴州，从河北南来的难民更多，这场景对十五六岁的韩愈来说，一辈子都忘不了。家遭祸患，社会动乱，这就是韩愈的童年经历。

自十五岁移居宣城，到十九岁离开宣城赴长安应试，是韩愈潜心读书、以文会友、生活比较安定的时期。

玄宗天宝十四载（755）十一月，安禄山在范阳起兵，打破了李隆基图长生、享安乐、永固皇帝之位的美梦，也结束了唐代的盛世。历经七八年的战乱，河北、中原百姓无安居之地，四散逃亡，一些富豪之家多移居江淮，特别是江左一带，文人名士也多游于江淮之间。韩愈兄会与卢、崔、张以文名噪江淮，就是一例；韩会与仲卿游于李华、萧颖士之门，而与颖士子存交游当也在这个时期、这个地方。德宗一朝，战乱不断，尤其是建中三、四年间的"五王""二帝"之乱，对中原的骚扰破坏之严重，几与安史之乱相类，使一些刚返回北方的人再度南迁。江淮也自然形成了文化发展的中心，文人名士会集，文化气氛浓厚。这对韩愈的读书、求学是非常有利的。从贞元十八年（802），韩愈给崔群的信里说的"仆自少至今，从事于往还朋友间一十七年矣[①]"推算，他开始交游当在移居江南宣城的建中、贞元间。最值得一书的是他与窦牟、窦庠弟兄的交往。元和四、五年间，韩愈与窦牟同在东都洛阳，愈为都官、河南令，牟为虞部、洛阳令。长庆初，愈为国子祭酒，牟为国子司业，皆为同僚师友。牟长庆二年（822）二月四日卒后，愈为兵部侍郎使镇州回，为牟撰志铭与祭

---

① 《韩昌黎全集》卷十七《与崔群书》。

文，可谓情谊笃厚。如《唐故国子司业窦公墓志铭》中所说：

> ……窦公，讳牟……皇考讳叔向，官至左拾遗、溧水令，赠工部尚书。尚书于大历初名，能为诗文；及公为文，亦最长于诗。孝谨厚重，举进士登第。佐六府五公，八迁至检校虞部郎中。元和五年，真拜尚书虞部郎中，转洛阳令、都官郎中、泽州刺史，以至司业。……

又说：

> ……公一兄三弟：常、群、庠、巩……皆有材名……愈少公十九岁，以童子得见，于今四十年。始以师视公，而终以兄事焉。公待我一以朋友，不以幼壮先后致异。公可谓笃厚文行君子矣。……

《祭窦司业文》亦说：

> ……惟君文行夙成，有声江东，魁然厚重，长者之风。……我之获见，实自童蒙；既爱既劝，在麻之蓬。自视雏鷇，望君飞鸿；四十年余，事如梦中。……

在麻之蓬，用《荀子·劝学》"蓬生麻中，不扶而直"语，意谓蓬生长在麻丛中，不扶就会长直，是因为受麻秆直的影响。正说明韩愈受过窦牟教导。四十余年的交谊，终身不辍。

代宗时常衮为相，引荐牟父叔向为左拾遗、内供奉。代宗死后，常衮被贬为潮州刺史，叔向被出为溧水令。按志铭、祭文所说愈与之交已四十余年，时愈年五十五，上推四十年，韩愈十五岁时，即建中四年，当时他在宣城。又窦牟贞元二年（786）进士及第，则韩愈与窦牟交往这段时间的下限，当在贞元元年秋窦牟进京应试前。这期间窦牟、窦庠等在溧水。溧水距宣城不远，且属宣州管辖。因韩愈父兄的关系，韩窦两家为世交。韩愈年纪不大，学业与诗文已有相当造诣，他除与当地文学青年往来会文，还与窦牟、窦庠兄弟往还于宣城、溧水间。有一段时间，韩愈曾到窦牟家所在的溧水读书，他们还同游芜湖等地，会过那一带的文人名士。韩愈知闽中名士欧阳詹之名，也当由窦牟父子介绍。因为欧阳詹是由常衮提挈培养出来的，而常衮又是叔向的好友。

约于贞元元年（785）暮春，一日天气晴和，宣州王司马府芍药花开得特别好，司马也特别喜爱这些芍药花，便借此良辰美景请府僚与当地名士来举行赏花酒会。韩愈虽是晚辈，也因颇有文名应邀来到王司马家。王司马属韩会一辈人，喜欢接待文士，引荐后辈。他对才华横溢的韩愈很是器重，想推选韩愈为宣州贡士，因此邀韩愈前来，借机向诸公推荐。在酒席宴前，王司马要韩愈借花赋诗，以显他的才华，韩愈便作《芍药歌》：

丈人庭中开好花，更无凡木争春华。翠茎红蕊天力与，此恩不属黄钟家。温馨熟美鲜香起，似笑无言习君子。霜刀剪汝天女劳，何事低头学桃李？娇痴婢子无灵性，竞挽春衫来比并。欲将双颊一晞红，绿窗磨遍青铜镜。一樽春酒甘若饴，丈人此乐无人知。花前醉倒歌者谁？楚狂小子韩退之！

韩愈十九岁那年的秋冬，离开宣城进京应试，作为贡士被举荐出来，与当地官员的提挈分不开，其中当也有王司马的帮助。

韩愈十九岁离开嫂嫂郑夫人，已经算是长大成人了。在这十九年里，韩愈已经成为有志、有识、有胆、有气的士人才子，这与嫂嫂的无私关怀、精心培育也分不开。所以，他在《祭郑夫人文》里说："昔在韶州之行，受命于元兄，曰：'尔幼养于嫂，丧服必以期！'今其敢忘？"

郑夫人卒后，韩愈以礼制为嫂守孝终期。

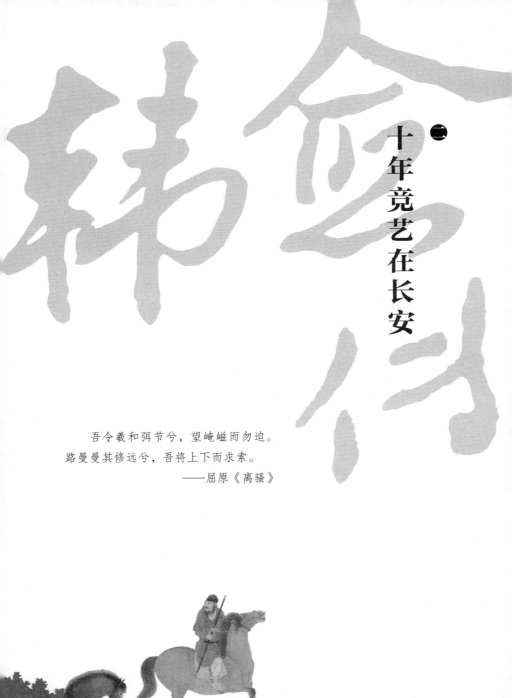

（二）

十年竞艺在长安

吾令羲和弭节兮，望崦嵫而勿迫。
路曼曼其修远兮，吾将上下而求索。

——屈原《离骚》

登高望烽火

继建中、兴元年间（780—784），平定"五王""二帝"之乱后，贞元二年，淮西将领陈仙奇毒死李希烈，以淮西归顺中央；德宗诏以仙奇为蔡州刺史、淮西节度使。六月，淮西兵马使吴少诚杀陈仙奇自称留后；七月，德宗诏授吴少诚为蔡州刺史、知节度留后。至此，历时五年的藩镇叛乱得以暂时平息。德宗李适为保皇帝宝座，吸取他多次流亡生活的教训，对藩镇采取了姑息退让政策，但却埋下了日后淮西大乱的隐患。不过，形势的暂时稳定，为士子们仕进创造了条件。

唐德宗贞元二年秋，韩愈离宣城赴长安应试。"吾年十九，始来京城。[①]""我年十八九，壮气起胸中。作书献云阙，辞家逐秋蓬。[②]"韩愈肩负寡嫂嘱托，心怀壮志，离别了朝夕抚育他的大嫂、小侄韩老成和形同亲生的乳母，西赴长安。他这次西行还要顺路回阔别数载的家乡，看看那里的山山水水、父老亲友；拜祭

---

① 《韩昌黎全集》卷二十三《祭十二郎文》。
② 《韩昌黎全集》外集遗诗《赠族侄》。

父亲仲卿、大哥韩会及祖辈的坟茔。

　　黄河从北向南流经晋、陕之间到风陵、永乐折向东流，北岸就是中条山，山峰耸翠，绵亘蜿蜒，好一派山水景致。河中府的中条山一带，高人索居，文气勃达，景观遍布，是文士游人常到的地方。韩愈由河阳西去河中正经此地。冬天的一个晴好日子，一位年轻英俊而有抱负的书生，站在中条山之阳，黄河之滨，想起了闻名遐迩的高士阳城。阳城，字亢宗，定州北平（今河北顺平）人。家贫不仕，借为国抄书索读，后隐中条山。世慕其德行才学，多往请教。韩愈以松柏比喻阳城刚毅贞洁，饱学多才。写下了《条山苍》诗：

　　　　条山苍，河水黄。浪波沄沄去，松柏在高冈。

　　这首诗景中寓情，用眼前景托出不尽之情，简淡高古，耐人寻味，有汉魏遗响。

　　韩愈为有助于应试，绕道河中拜访族兄韩弇。他到河中府一打听，才知韩弇已不在这里。唯一可投靠的亲人找不到，这对刚离开家就步入社会的韩愈无疑是个不小的打击。在他正投亲不遇、人地两生、心情沮丧时，遇上了李平。两人皆慕古喜文，在攀古论今、吟诗作文中结下了友谊，同游了一些知名的地方。十四年后，韩、李在下邳（疑为邑）相遇，韩愈《题李生壁》云："余始得李生于河中，今相遇于下邳，自始及今十四年矣。始相见，吾与之皆未冠，未通人事，追思多有可笑者，与生皆然也。今者相遇，皆有妻子，昔时无度量之心，宁复可有？是生之为交，何其近古人也！"后署贞元十六年（800）五月十四日，上推十四年，恰为贞元二年，韩愈十九岁，与未弱冠合。

韩愈由河中府到长安，已是贞元二、三年之交了。作为乡贡参加进士考试的举子，既然已于去年秋由地方选拔推荐参加贞元三年（787）的礼部考试，就不能失去这次机会。正如他元和元年（806）写的《短灯檠歌》里说的："太学儒生东鲁客，二十辞家来射策。"上句指元和元年他在国子监任博士，下句回忆二十岁时从宣城来长安参加进士考试。他在《欧阳生哀辞》里说"贞元三年，余始至京师举进士"，也说明他参加了此次的进士考试，时年二十岁。射策，是汉代选试的制度，有对策、射策两种。射策是由主考官把试题写在简策上，分甲、乙列于案上，应考的人选题对答；主考官按题目难易和所答内容定优劣，上者为甲，次者为乙。韩愈初出茅庐，又很自信，以为参加考试，写诗作文宜非难事；没想到等春试放榜，他却没中。未放榜时，心情虽然紧张，却抱着希望；落榜后，加上刚来长安，无亲无友，其内心里充满了孤独凄凉的感情。在韩愈内心难堪，思绪矛盾复杂的情况下，他写了《出门》一诗，表现了"长安百万家，出门无所之"的幽独苦闷之情。韩愈虽然与世寡合，幽然独处，但自信读圣人书、行古人道是不会错的。所以，他自认斯道未丧，天命不欺。尽管如此，他不能不为陷入穷窘的困境而焦虑，正如他在《殿中少监马君墓志》里所说："始余初冠，应进士贡在京师，穷不自存。"虽有点夸张，但他这时的生活大致可以用"幽独""穷窘"

四字概括。

　　韩愈到长安后仍在打听哥哥韩弇的下落。然而，就在这年闰五月，一个晴天霹雳，不仅打破了德宗皇帝的和平梦，也给韩愈降下了难以承受的灾难：韩弇在与吐蕃的会盟中被害。韩弇卒时，夫人韦氏才十七岁，一女才七个月——此女于贞元十六年五月，经韩愈主婚嫁与学生李翱。吐蕃劫盟平凉后，更肆无忌惮地侵扰陇右、关内诸道，震撼京畿。韩愈在悲痛怨愤中写了《烽火》诗：

　　　　登高望烽火，谁谓塞尘飞？王城富且乐，曷不事光辉？勿言日已暮，相见恐行稀。愿君熟念此，秉烛夜中归。我歌宁自感？乃独泪沾衣。

　　韩愈出无可往，独自登高，西望战争烽火，近看王城富乐，怀念伯兄韩弇，想想幽凄孤独的自身，不觉潸然泪下。

　　吐蕃一计得逞，又接一计：放回崔汉衡施离间之计。德宗中计后，又忌马燧支持会盟，罢了马燧的兵权。马燧被召回长安晏居，当起了王爷。这使韩愈有了投身马家的机会。马、韩两家为世交，韩弇又长期在马燧部下从事，关系颇好。韩愈在十分困窘的情况下，又因一些士子的鼓动，曾几次去安邑里北平王马燧府拜谒，都被那些不知情的门官挡驾了。有一天，韩愈在大街上闲走，正逢马燧经过，便于马前拜见。马燧虽年逾花甲，鬓须染霜，可还是气宇轩昂，威风不减当年。说明情况后，韩愈以“王爷故人稚弟"的身份跟马燧回到了王府。

马燧，字洵美，汝州郏城（今河南郏县）人，生于玄宗开元十四年（726）。少时，尝与诸兄读书，乃辍卷叹曰："天下将有事矣，丈夫当建功于代，以济四海，安能矻矻为一儒哉！"姿度魁异，沉勇多智略，博涉群籍，尤善兵法。天宝间从军事边，平"安史之乱"立有战功，为秘书少监、兼殿中侍御史。平"五王""二帝"之乱，战功卓著。兴元元年（784）正月，加检校司徒，封北平郡王，七月，加奉诚军及晋、绛、慈、隰节度并管内诸军行营副元帅。后平定河中之乱，德宗诏书褒美，迁光禄大夫兼侍中，封一子为五品正员官。德宗又亲赐《宸扆》《台衡》二铭，并为题额。贞元五年（789），图形凌烟阁，列元臣之次。贞元十一年八月薨，享年七十。马燧是位慈祥而重友情的老人，在军中曾听韩弇讲过有位幼弟，年将弱冠，颇有先人遗风，博通儒学经典，文章之工不在叔父云卿之下，就把韩愈带回府上[①]。韩愈又与马燧之子马畅的关系特别好，如他晚年写的《殿中少监马君墓志》里所说：

> ……始余初冠，应进士贡在京师，穷不自存，以故人稚弟拜北平王于马前，王问而怜之，因得见于安邑里第。王轸其寒饥，赐食与衣。召二子使为之主，其季遇我特厚，少府监赠太子少傅者也。姆抱幼子立侧，眉

---

① 马燧事迹参阅新、旧《唐书·马燧传》。

眼如画，发漆黑，肌肉玉雪可念，殿中君也。当是时，见王于北亭，犹高山深林巨谷，龙虎变化不测，杰魁人也；退见少傅，翠竹碧梧，鸾鹄停峙，能守其业者也；幼子娟好静秀，瑶环瑜珥，兰茁其牙，称其家儿也。后四五年，吾成进士，去而东游，哭北平王于客舍；后十五六年，吾为尚书都官郎，分司东都，而分府少傅卒，哭之；又十余年至今，哭少监焉。呜呼！吾未耄老，自始至今未四十年，而哭其祖子孙三世，于人世何如也？

在言简意赅的文字里，历述了他与马家三世四十年的情谊。

风云一朝会

自贞元二年至八年，韩愈共参加了四次考试，才于贞元八年得以进士及第。这中间的颠顿狼狈、勤奋辛劳、艰难困苦，在《答崔立之书》里可见一斑。关于中进士的时间与年龄，他自己曾不止一次提到。《与凤翔邢尚书书》中说："二十五而擢第于春官，以文名于四方。"《欧阳生哀辞》里也说："八年春，遂与詹文辞同考试登第，始相识。"

说到欧阳詹，不能不提《新唐书·欧阳詹传》中的一段名言："欧阳詹，字行周，泉州晋江人。……举进士，与韩愈、李观、李绛、崔群、王涯、冯宿、庾承宣联第，皆天下选，时称'龙虎榜'。"这榜知贡举的是崇尚古文的一代名臣陆贽，他务实求才，正直不阿；辅助他审阅试卷的梁肃也是才艺冠时的古文名家①。如《唐会要》卷七六《贡举中·缘举杂录》云："贞元七

---

① 新、旧《唐书·陆贽传》也说陆贽贞元七年知贡举，谓八年者，盖因年度选士，均自前一年秋由地方选送贡士到中央，第二年春试放榜为一届。陆知贡举在七至八年这届。《新唐书·选举志下》："每岁五月，颁格于州县，选人应格……以十月会于省，过其时者不叙。""必三铨、三注、三唱而后拟官，季春始毕，乃过门下省。"

年，兵部侍郎陆贽权知贡举。时崔元翰、梁肃文艺冠时，贽输心于肃与元翰，推荐艺实之士。升第之日，虽众望不惬，然一岁选士才十四五，数年之内居台省者十余人。"韩愈《与祠部陆员外书》也说："往者陆相公司贡士，考文章甚详，愈时亦幸在得中，而未知陆之得人也。其后一二年，所与及第者皆赫然有声，原其所以，亦由梁补阙肃、王郎中础佐之。梁举八人无有失者，其余则王皆与谋焉。陆相之考文章甚详也，待梁与王如此不疑也，梁与王举人如此之当也，至今以为美谈。"时所称"龙虎榜"而得人者，仅以《新唐书·欧阳詹传》提到的八人：李观、欧阳詹官不甚显，文名早著，与韩愈同倡古文，惜命不永年。韩愈乃贞元、元和文坛领袖，官终吏部侍郎。冯宿，官至工、刑部侍郎，封常乐县公，卒赠吏部尚书。王涯，官至吏部尚书、尚书右仆射，后以本官拜相。李绛，以中书侍郎拜相，封高邑县男，后图形凌烟阁。庾承宣官终检校吏部尚书、天平军节度使。崔群，元和中以中书侍郎拜相，后赠司空。除早夭的二人外，其余六人皆朝廷重臣。

　　唐代科举考试科目繁多，故得中较难，进士一科尤甚。如《新唐书·选举志上》说："大抵众科之目，进士尤为贵，其得人亦最为盛焉。"《唐摭言》卷一《散序进士》也说："进士科始于隋大业中，盛于贞观、永徽之际。缙绅虽位极人臣，不由进士者，终不为美，以致岁贡常不减八九百人。其推重谓之'白衣公卿'，又曰'一品白衫'；其艰难谓之'三十老明经，五十少进士'。"正因为世推重，可立抵卿相，位极人臣，竞争的人也多。如贞元八年，千人竞艺，中者才二十三人。

　　讲到韩愈中进士，不能不讲行卷与干谒。有人借韩愈行卷、干谒贬损他，认为他热衷仕途，是个官迷。其实，这是唐代科举考试里形成的社会风气，不独韩愈这样做，自初、盛唐以来，文士们普遍运用此法，李白、杜甫也不例外。真正敢以诗文求人荐举的，多半是那些有才华的人；那些靠各种关系求进的纨绔子弟却不敢进诗送文，而是送金银宝玩。这种活动不仅达到了交流的目的，有利于识才选士，同时也促进了诗文创作。《云麓漫钞》卷八上有一段很有意义的记载："唐之举人，先藉当世显人以姓名达之主司，然后以所业投献。逾数日又投，谓之温卷。如《幽怪录》《传奇》等皆是也。盖此等文备众体，可以见史才、诗笔、议论。至进士则多以诗为贽，今有唐诗数百种行于世者，是也。"

　　韩愈为让当代名臣及主司了解自己也干谒投献。如贞元六年（790），他从宣城看望大嫂等家人，西去长安经过郑州时，就给当地的滑州刺史贾耽写了一封求荐的信，并把他写的十五篇文章编成一卷，托人送给贾耽，并对贾耽说："与之进，敢不勉；与之退，敢不从：进退之际，实惟阁下裁之。[①]"他的《与陈给事书》，是给当时在朝官给事中陈京写信投文，他的《为人求荐书》《应科目时与韦舍人书》都是自荐求人的，尤其是后者，简直是一篇寓言式的奇文。据说《应科目时与韦舍人书》是他贞元九年（793）应博学宏词科试时写给考官韦舍人的，说在天池、大江的水边有一个怪物，岂是常鳞凡介的东西可以与他相比！他得到

―――――――――

① 《韩昌黎全集》外集卷二《上贾滑州书》。

水可以生风化雨，上天下地，没有高山大陵旷途绝险可以阻隔；如果得不到水，他就和平常鳞介一样。因为他自处于穷涸之中不能自己到水里去，所以十之八九为滨獭耻笑。如遇到有力的人哀其穷困，以举手之力就可以把他送到水里去。这个怪物自认为与众不同，说：宁愿死于沙泥，也不向人俯首帖耳，摇尾乞怜。今天正好遇到有力的人在跟前，聊试仰头鸣叫一声，怎知有力的人能以举手之劳把他送到清波里去呢？最后说：我就是和这个怪物一样，望阁下怜而查之！韩愈善谐谑，这封信就是寓庄于谐的典型。

同榜进士李观、韩愈、李绛、崔群早已成文字之交，当他们得知梁肃德高望重、崇尚古文时，曾多次同去拜谒。大约在贞元七年（791）的一天，他们受到梁的接见。一番交谈和审视后，梁肃认为韩愈、李观有文才，后必以文鸣世，奖以交游之道；认为李绛、崔群是政治长才，勉励他们积极上进。他可谓慧眼识人，四人的经历正应了梁肃的看法[①]。同年中还有欧阳詹、冯宿、侯继等，均同韩愈一样崇尚古文，这当是韩愈文学集团的肇始。

在全城新绿、桃李争艳、人潮似涌、选士放榜的一个晴好日子里，几位刚中的新秀，来到长安最美丽的曲江——每年赐宴新进的地方，找了一家清雅惬意的小酒馆，攀今吊古，讥世谈文，酣饮畅叙起来。诸位新秀在曲江的议论，当对韩愈有所启发。于是，他在是年写的《争臣论》里指责阳城："大臣闻而荐之，天子以为谏议大夫，人皆以为华，阳子不色喜；居于

---

① 事见五代王定保《唐摭言》卷七。

位五年矣，视其德如在野。彼岂以富贵移易其心哉？……且吾闻之，有官守者，不得其职则去；有言责者，不得其言则去。今阳子以为得其言，言乎哉？得其言而不言，与不得其言而不去，无一可者也。阳子将为禄仕乎？"表明他得道修身，兼济天下。韩愈还提出"思修其辞以明其道"的观点，举起了"文者修辞以明道"的旗帜。

从曲江回来，韩愈径直来到北平王府见马燧与马畅兄弟。马燧为他定下了与卢小姐完婚的事。洛阳牡丹甲天下，正在牡丹盛开的时候，洛阳敦化里卢府张灯结彩。这婚事不仅是卢府的盛事，也轰动了整个洛阳城。韩家虽不是唐代五姓七家，却也是名门望族，而卢小姐的父亲卢贻虽官不甚显，卢家却是五姓七家望族里的范阳卢氏一门。况卢小姐的母亲是肃、代两朝名相苗晋卿之兄如兰之女，卢小姐是卢夫人苗氏最疼爱的小女儿。同时韩愈是少壮即以文名噪两京的新科进士。另外保媒者是韩卢两家的世交北平王马燧。卢小姐十六七岁，虽然是卢夫人的掌上明珠，却从不恃宠而骄。她不但擅长女红，温柔贤淑，也知书达礼，能诗会文，与韩愈唱和起来，真不让须眉①。

韩愈曾用比兴反衬手法，以妻子的口气写了《青青水中蒲》

① 唐继六朝尚门阀之风，世有五姓七家李（陇西、赵州）、王（太原）、郑（荥阳）、崔（博陵、清河）、卢（范阳）美称；以与名族通婚为时尚。卢氏及苗氏情况，见韩愈的《河南府法曹参军卢府君夫人苗氏墓志铭》《处士卢君墓志铭》《卢浑墓志铭》《河南缑氏主簿唐充妻卢氏墓志铭》等。据《处士卢君墓志铭》，愈为其妹婿，其妻当小于於陵。又据《卢浑墓志铭》《苗氏墓志铭》知浑为韩愈妻弟，当小于韩妻。

小诗：

青青水中蒲，下有一双鱼。君今上陇去，我在与谁居？

青青水中蒲，长在水中居。寄语浮萍草，相随我不如。

青青水中蒲，叶短不出水。妇人不下堂，行子在万里。

此诗虽为愈所写，却似妻子寄诗，或是想起妻子寄语受启发写下这充满爱慕之情、夫妻之趣的诗。一般人认为韩愈是矜持的夫子，其实他也诙谐多情。不过韩愈写爱情的诗，此为仅见。新婚的生活是甜蜜的，这对才子佳人的新婚生活充满了诗情画意。两人在灯前月下，花圃池边，对句吟诗，雅趣横生。但韩愈为了参加博学宏词科试，在蜜月里也未忘记练习作文，每篇文章写完总要拿给卢小姐看，她也总能指出文章的优点与不足。不久后，韩愈再战词场。

长安交游者

　　贞元九、十两年，韩愈都参加了博学宏词科试，均落第。贞元九年的情况不明，贞元十年试《省试学生代斋郎议》，现存韩集。文写得不坏，观点也正确，但恐怕不合当权者的口味，故未中。是年长安天气反常，冬干旱，春淫雨，夏则暴风雨毁屋折树，使因落第而痛苦的韩愈更加郁闷。四、五月间，韩愈离长安东归，想调整一下心态，万未想到在洛阳正碰着老成扶嫂嫂灵柩归葬，便带上在洛阳的妻子同回河阳安葬长嫂郑氏。韩愈本欲求得一官半职报答嫂嫂的恩德，可嫂嫂却离开了自己，这突如其来的不幸给他又添了难以言状的痛苦，在祭典时亲自宣读了感人肺腑的《祭郑夫人文》，守丧以期。之后，韩愈安排好老成在河阳守孝，又西去长安，再图进取。

　　贞元十一年初，韩愈本欲再次参加宏词科试，却想先看看权相的态度，因此从正月二十七至三月十六日连上宰相三书。其中有"四举于礼部乃一得，三选于吏部卒无成；九品之位其可望，一亩之宫其可怀。遑遑乎四海无所归；恤恤乎饥不得食，寒不得衣"①的话，虽是激愤之词，却也符合他此时的心态。有人说他不耐穷，为了当官摇尾乞怜。若仅从表面上理解韩愈的书，那是真不了解韩愈。其书是为劝解宰相们选贤用才，达到振兴唐王朝的目的。不然，他就不会援古证今，侃侃而谈选育人才、任用人才的必要性。就其本身说，他自认为正是居穷守约的贤人长才："其业则读书著文，歌颂尧舜之道，鸡鸣而起，孜孜焉亦不为利；其所读皆圣人之书，杨墨释老之学，无所入于其心；其所著皆约六经之旨而成文，抑邪与正，辨时俗之所惑。②"这话施之于一般人则夸矣，用之于韩愈则不为过。若韩愈真是恋位贪禄，他就不会为民请命而被贬阳山，也不会谏佛骨而几被处死，更不会以老迈之身出使镇州险遭杀害。第二书把君相比作父兄，人才比作子弟，是欲君相能像父兄爱子弟一样爱育人才，哪怕是盗贼或管库的人才，也能尽用。非下贱也，实高见也！二书探路失望，才有与之决绝的第三书。此文气杰神旺，骨劲格高，是刚健之气贯串全篇的绝唱。该文先举周公三吐三握事迹，后连用九个"皆已"，构成历述周公任贤用能、政绩卓著的连排句法，论据充分，不能复加。后三用"岂复"发问，问得有力，气势逼人。再连用十一个排列问句，指出时宰不用贤、不得政的弊端③。三书虽有求汲引意，然韩愈把他的仕进提高到为君为民的高度，以古圣贤为依托，不仅使人未感到乞怜之意，反为他充分说理和盛大

① 《韩昌黎全集》卷十六《上宰相书》。
② 《韩昌黎全集》卷十六《上宰相书》。
③ 《韩昌黎全集》卷十六《后十九日复上书》《后二十九日复上书》。

气势折服。然而时宰为贾耽、赵憬、卢迈，皆庸碌之辈，三上书后，韩愈失望不已，故未参加贞元十一年的宏词科试。

十年竞艺未得一官半职，是韩愈仕途的不幸；但是期间韩愈团结了一批挚友，倡文明道取得成功，是韩愈的大幸，也是中唐及文化史的大幸。

韩愈《与崔群书》里说："仆自少至今，从事于往还朋友间一十七年矣！日月不为不久，所与交往相识者千百人，非不多；其相与如骨肉兄弟者亦且不少。或以事同；或以艺取；或慕其一善；或以其久故；或初不甚知而与之已密，其后无大恶因不复决舍；或其人虽不皆入于善，而于己已厚，虽欲悔之不可。"这就是他的交友之道。韩愈在长安这段时间里，以志相投，以文相契，确实交了不少朋友，这也是他在扶树道统、创作散文上欲自振一代的开始。贫富各有徒，这时在他交往的朋友里，很少有权贵显官，较多的是文人学士，如李观、李绛、崔群、欧阳詹、冯宿、侯继、陈羽，皆贞观八年的同榜进士。此外还有薛公达、孟郊、裴度及柳宗元、刘禹锡等。

《韩集》所记较早的是薛公达。《与张徐州荐薛公达书》里说，时公达二十六岁；又有《国子助教河东薛君墓志铭》，说元和四年（809）二月十四日，公达有病暴卒，四十七岁，则荐书写于贞元四年（788），又据《与张徐州荐薛公达书》中说公达"抱惊世之伟材，发言挺志，夐绝天秀；服仁食义，融内光外；直刚简质，与世不常。想其升朝廷议，凛莹冰玉，隐慝潜奸，灭心铄谋；然今尚幽塞未光，弢缩铦利，静居河洛"所展现的对其熟知的情况看，贞元三、四年，两人已很交好。公达，贞元九年中进士，年少气高，为文章有气力，务出于奇，以不同流俗为主；始举进士贡在京师，不求于先辈。作《胡马》《圆丘》诗，京城人人相传，熟诵于口。入凤翔军，为观察使邢君牙幕佐。邢君牙行伍出身，不通文墨，公达为其作书奏，读不识句，军中传为笑谈。又重阳节全军大会射，设高一百多尺的箭靶，君牙又置锦金为赏，令军中将士竞射；一军之人尽射，皆不中。公达请射，三发三中，靶坏不能射，全军惊跃，连三呼大笑以贺。后因为邢嫉妒，公达不得不离开凤翔军。韩愈为国子博士分司东都时，公达为国子助教，韩愈在《祭薛助教文》中说他们"同官太学，日得相因；奈何永违，只隔数晨；笑语为别，恸哭来门"。公达与韩愈才质相当，志趣也相投，是两人交好的原因。

上文提到韩愈中进士后，与李观、李绛、崔群拜谒梁肃之门时，四人定交久矣，又说三岁才得以见到梁补阙，可知他与李观交往在贞元四年。李观，字元宾。祖籍陇西，客游河南，居赵州赞皇。贞元三四年来长安，战艺词场，贞元八年举进士高第，连中博学宏词科，授太子校书郎。贞元十年，年二十九，客死于长安，韩愈撰《唐故太子校书李公墓志铭》。二人志同道合，交游时间虽不长，但相酬诗文却不少：李观有《监察御史韩㝢没蕃文》，而诗不传；韩愈有诗《北极一首赠李观》《重云一首李观疾赠之》，文《瘗砚铭》《唐故太子校书李公墓志铭》。二人皆崇尚古文，风格虽异，文名不相上下。晚唐陆希声《唐太子校书李观文集序》云："贞元中，天子以文化天下，天下翕然兴于文。

文之尤高者李元宾观、韩退之愈。始元宾举进士，其文称居退之之右。及元宾死，退之之文日益高，今之言文章，元宾反出退之之下。……予以为不然。要之所得不同，不可以相上下者。文以理为本，而辞质在所尚。元宾尚于辞，故辞胜其理；退之尚于质，故理胜其辞。退之虽穷老不休，终不能为元宾之辞；假使元宾后退之之死，亦不能及退之之质，此所以不相见也。……至退之乃大革流弊，落落有老成之风；而元宾则不古不今，卓然自作一体，激扬发越，若丝竹中有金石声。"李翱《与陆傪书》谓："予与观平生不得相往来，及其死也，则见其文，尝谓使李观若永年，则不远于扬子云矣！"当他手书李观《苦雨赋》而复咏后云："观也虽不永年，亦不甚远于扬子云矣。"《新唐书·李华传》等文献及今皆谓李观乃中唐古文家李华从子。若因他们同属赵州赞皇一族，按辈分序为从侄，亦无不可；然仔细推究则不妥。李华确有从子观，乃华兄并幼子，与元宾为两人。广德二年（764），并卒时幼子观已是前左监门卫率府兵曹参军，而元宾两年后才出生。

韩愈与陈羽定交，在贞元七年前，两人再次参加进士考试，又都落第。在"无边落木萧萧下"的秋天，在寒月朗照的凉夜，韩愈与陈羽酌酒话别，有感于相同的身世际遇，不觉执手依恋，悄悄相嘱，流下凄凉酸楚的眼泪。韩愈《落叶送陈羽》诗为证：

落叶不更息，断蓬无复归。飘飘终自异，邂逅暂相依。悄悄深夜语，悠悠寒月辉。谁云少年别？流泪各沾衣。

　　陈羽，江东人。生年不详，贞元八年与韩愈同榜登第，后官至东宫卫佐。陈羽工诗，善酬吟，曾与灵一上人交游唱答。其诗写难状之景，了了目前；含不尽之意，皎皎言外。如《自遣》云："稚子新能编笋笠，山妻旧解补荷衣。秋山隔岸清猿叫，湖水当门白鸟飞。"警句甚多，如《春日晴原野望》："渐变池塘色，欲生杨柳烟。"

　　在中唐贞元、元和一代诗人中，年最长，诗名最高，最先登上诗坛的是孟郊。贞元七年秋冬，他从客居的湖州武康举乡贡进士，赴长安应试时已经四十一岁了。韩愈与孟郊相识最早疑在此时，而定交在八年春。从李观《上梁补阙荐孟郊崔宏礼书》看，李、孟相识于前，韩、孟始交，可能是李观的介绍。孟郊，性耿介，少谐合，韩愈一见为忘形交。孟郊参加八年春试落第后，有东归谒徐州张建封之举，这又赖韩、李的推荐。在这几个月里，三人过从甚密，酬唱也多。韩愈有《长安交游者一首赠孟郊》《孟生诗》，李观除《荐书》外，疑也有诗，惜不传；孟郊有《赠李观》《答韩愈李观别因献张徐州》等诗。李观、韩愈对孟诗都有很高评价。如李观《上梁补阙荐孟郊崔宏礼书》云："孟之诗，五言高处，在古无二；其有平处，下顾两谢。"韩愈《孟生诗》云："孟生江海士，古貌又古心。尝读古人书，谓言古犹今。作诗三百首，窅默咸池音。"《醉赠张秘书》云："东野动惊俗，天葩吐奇芬。"《荐士》云："有穷者孟郊，受材实雄骜。冥观洞古今，象外逐幽好。横空盘硬语，妥帖力排奡。敷柔肆纤余，奋猛卷海潦。荣华肖天秀，捷疾逾响报。行身践规矩，甘辱耻媚灶。"在《贞曜先生墓志铭》里说孟郊诗"剧目铁心，刃迎缕解，钩章棘句，掐擢胃肾，神施鬼设，间见层出"。由此便可推知韩愈为何在《醉留东野》诗里，表现得那样追慕孟郊："吾愿身为云，东野变为龙，四方上下逐东野，虽有离别无由逢。"从以上二人交契的情况看，钱基博《韩愈志》把孟郊列入"韩门弟子"，不妥。孟郊与韩愈始交时，不仅已有数百首诗传世，也已形成了古拙、险奥、苦涩的风格——正合韩愈尚奇逞怪的意识。因此在韩愈诸友里，东野最受韩愈崇敬。先是韩愈学诗于东野，稍后即相互学习，共同称雄。《龙城录》上有一段有趣的记载：韩愈曾说，他少年的时候曾梦见有个人给他红色篆书一卷，强叫他吞吃到肚子里，旁边有一个人拍手而笑。醒来后，他觉得胸间好像有噎住的东西，过了几天，才觉得没事，记得丹书上一两个字的笔势，非人间能有书。始见孟郊看去好像面熟，想想情景，似即他梦中拍手发笑者。因孟郊、韩愈诗皆尚险怪，成就也高，人将其并称"韩孟"；又因韩文成就特高，孟郊长于五言诗，时号"孟诗韩笔"。二人相互影响，相互促进。韩孟第一次交往在贞元七年末至贞元九年春夏，在孟郊两进长安应试均落第，韩愈两应博学宏词科均落选期间。

韩愈在长安结识的另一位朋友崔立之，见韩愈三试不行，郁闷沮丧，写信劝他不必灰心。韩愈在回信里痛心地说：您这种勉励我的深厚友情，我哪里会不晓得呢？只是像卞和献玉一样再献再次被砍掉脚，我颠顿狼狈，辱于再三，为天下人所耻笑；然而仕进就只有这一条路吗？如果这些路都不行的话，我将"耕于宽闲之野，钓于寂寞之滨，求国家之遗事，考贤人哲士之终始，作唐之一经，垂之于无穷，诛奸谀于既死，发潜德之幽光，二者将必有一可"①。崔立之，字斯立，博陵人。贞元初至长安应试，四年中进士，六年举博学宏词科，授秘书省校书郎。这段时间崔、韩二人皆在京师，是他们交往的第一个时期。此时韩愈的同年朋友崔群、侯继都劝他不应灰心而退。侯继还托崔群等给韩愈两封信，衷心劝勉。韩愈也有《答侯继书》，表示他并不甘心退缩、更难真隐的雄心大志，说："惧足下以吾退归，因谓我不复能自强不息，故因书奉晓。冀足下知吾之退，未始不为进；而众人之进，未始不为退也。"

但韩愈还是没有继续参试，而是回河阳去了。在河阳，韩愈偶遇几位客人交谈，论起画的品格来；讲到高兴之时，韩愈便把在长安得到的一幅画拿出来给大家品赏。事情竟是那样巧合，原来客人中有一位赵侍御，就是摹这幅画的人。赵侍御有文墨，善画艺，是位仁义君子，见画戚然有感，说这是二十年前他年轻时得到的国藏珍本，爱不释手，就杜绝人事往来，闭门摹写成这幅画，后来到闽中游历时丢失了。因是亲手摹写的心爱之物，赵侍御就恳求韩愈，把这幅画借来找画工再临摹一幅作为纪念。韩愈也是一位仁义君子，对人如友。于是，未取任何代价，把这幅画又回赠给了赵侍御。因为韩愈也很爱这幅画，便把这幅画上的内

---

① 《韩昌黎全集》卷十六《答崔立之书》。

容详细记录下来作为纪念，这便是韩文里的名篇《画记》。他在《画记》里还写下他得到这幅画的经过。

在长安一家应试举子长住的客舍里，韩愈遇到一位叫独孤申叔的举子，时年十九岁。——申叔贞元十三年（797）中进士，十五年（799）又中博学宏词科，为秘书省校书郎。贞元十八年四月五日，居父丧，未练而卒。柳宗元有《亡友故秘书省校书郎独孤君墓碣》，韩愈也为这位亡友恸哭而作《独孤申叔哀辞》，皇甫湜有《伤独孤赋》。韩愈与独孤申叔交往约在贞元十年前。——两位都是年轻的才子，又都好弹棋，因棋兴大发，两人便赌起弹棋来。结果独孤申叔把不久前才买来的这幅画输给了韩愈。画画得很好，韩愈说："意甚惜之，以为非一工人之所能运思，盖蘗集众工人之所长耳，虽百金不愿易也。[①]"因珍爱，韩愈便把画带在身上，正巧到河阳而物归原主。画是名画，文是名文，事是奇闻。

长安十年竞艺生活的结束，也是韩愈新生活的开始。未来韩愈将走向何处呢？

---

① 《韩昌黎全集》卷十三《画记》。

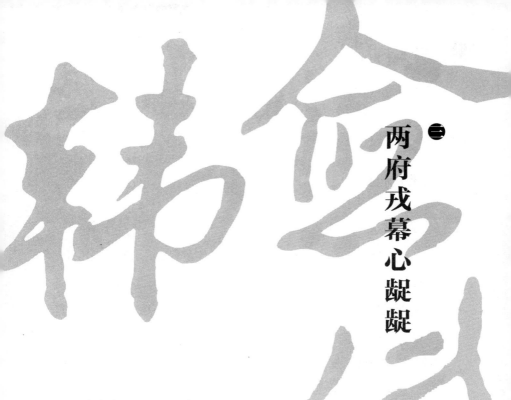

（二）

两府戎幕心龈龈

龈龈当世士，所忧在饥寒。但见贱者悲，不闻贵者叹。大贤事业异，远抱非俗观。报国心皎洁，念时涕汍澜。……愿辱太守荐，得充谏诤官。排云叫阊阖，披腹呈琅玕。致君岂无术，自进诚独难。

——《韩昌黎全集》卷二《龈龈》

大梁从相公

　　韩愈东归洛阳后，主要是交友著文。董晋到东都任留守，判东都尚书省事后，韩愈以文名结识了董晋。据考，董晋与韩愈其四叔绅卿曾同在扬州淮南节度使崔圆手下任职：晋为御史判官，绅卿为录事参军，为同僚好友①。贞元十二年（796）七月，检校尚书左仆射，同中书门下平章事董晋在汴州兵乱中受命汴州刺史、宣武军节度副大使，知节度事。这也是韩愈走上仕途的起点，这年他已二十九岁。韩愈在"军书既频召，戎马乃连跨"的情况下，"大梁从相公"②，开始虽然并未被朝廷正式辟命授职，然而，这个起点毕竟影响了他一生的政治生涯，为此他很感激这位老人。正巧，韩愈好友孟郊高中进士，东归省亲经过洛阳，以他春风得意之心，为韩愈从军赴汴写诗祝贺。"亲宾改旧观，僮仆生新敬。""王粲有所依，元瑜初应命。"把韩愈比作王、阮，为

---

① 事见《韩昌黎全集》卷三十七《赠太傅董公行状》，新、旧《唐书·董晋传》及张清华著《韩学研究》下册《韩愈年谱汇证》。
② 《韩昌黎全集》卷二《县斋有怀》。相公：唐初以尚书、中书、门下三省长官尚书令、中书令、侍中共议国政，是为宰相，俗称相公。贞元八年，又以平章事之名代宰相。因董晋曾授此衔，故称相公。

友授命由衷高兴。"今朝旌鼓前，笑别丈夫盛。"既写盛况，又表心情。虽说地位改变，他也确信韩愈"志士感恩起，变衣非变性"①，做人的品格不会变。

按《赠太傅董公行状》等记载：汴州自唐代宗大历以来多生兵乱，动辄逐帅杀将。刘玄佐扩军十万，独霸一方，不听朝命，死后子士宁代之。其将李万荣逐而杀之。万荣为节度一年，韩惟清、张彦林发动兵乱杀万荣未克。万荣病，子求代，监军俱文珍与其将邓惟恭捕送京。时惟恭以功欲总领军事，不料朝廷派董晋入汴主其事。此前，皇上曾派吴凑主汴；吴带随从走到巩县时，因怕军乱，不顾皇命逃回洛阳。董晋虽年逾古稀，却有胆有识，不带一兵一卒，和几个儒生单车赴汴。走到郑州，郑州的官吏还劝董晋："邓惟恭承万荣疾病之甚，遂总领军州事。今相公到此，尚不使人迎候，其情状岂可料。即恐须且迟回，以候事势。"晋回答："奉诏为汴州节度使，即合准敕赴官，何可妄为逗留！②"果不出众人所料，于董晋牧汴不久，邓惟恭就勾结大将相里重晏等阴谋作乱，但董晋及时发觉，才化险为夷。

贞元十三年春，诏命将邓惟恭押解长安，执行这一使命的是监军俱文珍。在为俱文珍送行的仪式上，董晋让韩愈写了《送汴州监军俱文珍序并诗》。俱文珍是以德宗近侍宦官的身份出使汴州监军的，又是回京向皇上复命，董晋何尝不希望他"上天言好

①　《孟东野诗集》卷八《送韩愈从军》。
②　《旧唐书·董晋传》。

事"，自然在送行时要说些好话；序、诗秉承主帅之意而写，必须体现这个意思。因序里有：

> ……故我监军俱公，辍侍从之荣，受腹心之寄，奋其武毅，张我皇威，遇变出奇，先事独运，偃息谈笑，危疑以平。天子无东顾之忧，方伯有同和之美。……

诗云：

> 奉使羌池静，临戎汴水安。冲天鹏翅阔，报国剑铓寒。晓日驱征骑，春风咏采兰。谁言臣子道，忠孝两全难。

有人把对俱文珍的颂语，和俱文珍反对"永贞革新"等事联系起来，诋毁韩愈。实际上韩愈一生反对宦官专权，与俱文珍更无多大干系，诗序之作也是受董晋所嘱。韩愈在《序》里明确表示："十三年春，将如京师，相国陇西公，饮饯于青门之外，谓功德皆可歌之也，命其属咸作诗以铺绎之。"就俱文珍本人也当作具体分析：俱文珍乃边塞胡人，俱为胡姓，因认宦官刘氏为义父，故改名刘贞亮，入宫为宦官。曾与愈兄弇同参与平凉会盟，此又与董晋同平汴州兵乱，不为无功。"永贞革新"中，他作为主要人物，反对二王，拥立宪宗李纯，任用旧臣，时议贞亮忠荩，累迁官至右卫大将军，知内省事；《新唐书·宦者列传》称他"性忠强，识义理"。俱文珍一生行事有对有错，特别是在中晚唐时期的宦祸上作用极坏，在汴州时，却尚未显露什么恶劣行为，无论如何都不该加罪韩愈。正如王鸣盛云：小人当其恶迹未显之前，不也和君子一样吗？平凉会盟之行，德宗信之，故使他出监宣武军；韩愈也不会认为他是坏人。其后韩愈自为君子，文珍自为小人，本来两不相妨，何必讳，何必非呢①?

不知什么原因，韩愈自贞元十二年七月随董晋入汴，直到十四年春才得"试秘书省校书郎，为观察推官"②。因无具体职务，当然没有什么公务可做。这种清闲无聊的幕宾生活，对一位少有大志、志复古道的人来说，实在郁闷心烦，他说"有负薪之疾，退休于居，作《复志赋》"。不管是有疾无疾，韩愈确实在贞元十三年，有一段时间不到府衙去，而是在城西的家里闲住。这时他的妻子女儿也来到汴州同住。韩愈感激董晋供其衣食，他慨叹自己忠无路献，志又难修，因此"情怊怅以自失兮，心无归之茫茫"③。好在终于得以受命任职，之后，韩愈确实为汴州做了几件好事。

汴州连年兵乱，那些当权的主帅与将吏醉心于争权夺利，却不顾修政惠民，致使汴州水门失修，河道淤塞，这既堵塞航运，

---

① 王鸣盛《蛾术编》卷七十六。
② 《李文公集》卷十一《韩愈行状》。贞元十四年三月三日韩愈《汴州东西水门记》石本自称"摄节度掌书记前进士韩愈"，而《送俱文珍序》不署职衔，可证韩愈入汴前期无职衔，后才有命授。
③ 《韩昌黎全集》卷一《复志赋》。

又易泛滥成患。于是在僚属的参议帮助下，董晋宣布从贞元十四年（798）正月七日，开始整修汴州东西水门。刚过春节，董晋就率领僚属和百姓，趁水枯农闲季节，兴起了轰轰烈烈的水利工程，历时将近三个月。竣工后，于三月三日设水嬉会庆贺，并让韩愈写《汴州东西水门记》以记盛功。亲身参与这一工程的韩愈便怀着喜悦的心情，大笔濡染，写下了一篇雄骏之文：

> ……此邦之人，遭逢疾威，罴童嗷呼，劫众阻兵，憭憭栗栗，若坠若覆。时维陇西公受命作藩，爰自洛京，单车来临。遂拯其危，遂去其疵；弗肃弗厉，薰为大和；神应祥福，五谷穰熟。既庶而丰，人力有余；监军是咨，司马是谋；乃作水门，为邦之郭；以固风气，以闲寇偷。……

水嬉会这天，汴州比过节还热闹，全府僚佐将士，四方宾客士女，城乡的市民农夫，阗郭溢郛，满城洋溢在喜庆之中。韩愈序记，不仅记其功，也把这盛事喜情记了下来。

韩愈以传道为己任，以著文为能事，更值得称道的是他重视人才，奖掖后进。在汴州除了辅导年轻的文士们习诗作文，是秋他还主持了汴州贡士的选拔考试。这次选试除试《反舌无声诗》外，还考了六道策问。这六道策问，提得有水平，也能代表韩愈的思想，特别是二、五两题。其二，以古人有云：夏朝之政尚忠，殷商之政尚敬，周朝之政尚文，三者像五行四时一样，循环终始。韩愈认为：夏、商、周的政治主张都是适合各自时代的，所以各不相同。秦、汉、蜀、吴、魏的兴与霸，又与夏、商、周崇尚的忠、敬、文不同，这是时代前进中的历史变化，更不能用循环论来解释。因此，在摆出自己的观点后，他提出："循环之说安在？"让考生毫不隐讳地发表自己的看法。实际上，这不正是他领导一批青年文士批判儒家恪守的"循环论"吗？其五，则是歌颂历史上法家人物的政治作用，他认为道之所以尊贵，是因为它便于人，得乎己。在这种观点的主导下，他举出管仲使其君齐桓公九合诸侯，一匡天下，成为七雄之首。秦用商君之法，使人富国强，诸侯不敢抗，经七代君王而统一。接着韩愈发问："而后代之称道者，咸羞言管、商氏，何哉？庸非求其名而不责其实欤？"①这一贬一褒，不正可以看出韩愈倡道本意在于实用的哲学观点与政治态度吗？那些骂韩愈是"腐儒"，斥责他保守落后的人，是真不知韩愈。这次考试，按规定向王朝中央选送了秀士，其中有韩愈的好友与学生张籍。张籍是冬进京应试，十五年春高中进士，而后成为中唐诗坛名家，可见韩愈是以才艺德行识人的。张籍在韩愈逝世后写的《祭退之》诗里就说："公领试士司，首荐到上京。一来遂登科，不见苦贡场。"

　　然而汴州军民刚刚过上两年多的安定生活，却又降厄运：贞元十五年二月三日，董晋突然病逝。董晋比韩愈大四十四岁，他的儿子秘书省著作郎董全道、秘书省秘书郎董溪、大理评事董

---

① 《韩昌黎全集》卷十四《进士策问十三首》。

全素、太常寺太祝董澥，当都是韩愈的同辈朋友，故他们请韩愈帮助办理丧事，同扶柩西归。临行前韩愈以观察推官守秘书省校书郎的身份，与行军司马陆长源、度支营田判官孟叔度、观察支使丘颖致祭，并写了《祭董相公文》，后又写《赠太傅董公行状》。因为董晋平定汴乱后为百姓做了好事，因此同僚敬重他，将士佩服他，百姓怀念他，《祭董相公文》云：

> ……乃守洛都，乃藩浚郊；乃去厥疾，乃施厥膏。不知其劳，鳏寡以饶。……为民父母，父诲其义，母仁其愚。既变既从，孰云其初；自途徂远，混然一区。……公既来止，东人以完；公既殁矣，人谁与安？浊流浑浑，有辟其郭；填道欢呼，公来之初；今公之归，公在丧车。……

董晋很了解汴州军情，故当他病重时就对儿子说：死后三日就成殓，既殓就离汴归葬。结果于起行的第四天，也就是韩愈和其家属扶柩西归途中，汴州就发生了兵乱。兵乱这天，城门紧闭，府内府外，街巷要道，喊杀追剿，声如霹雳，烧房毁屋，一片火海。在兵乱中，因陆长源、孟叔度、丘颖等苛刻军士，品行不端，为军士所杀，连他们的家属也未幸免。这场兵乱爆发之速，常人难料；声势之大，震撼两京；场景之惨，令人发指。诚如韩愈《汴州乱二首》所写：

汴州城门朝不开，天狗堕地声如雷。健儿争夸杀留后，连屋累栋烧成灰。诸侯怓尺不能救，孤士何者自兴哀。

母从子走者为谁？大夫夫人留后儿。昨日乘车骑大马，坐者起趋乘者下。庙堂不肯用干戈，呜呼奈汝母子何！

彭城赴仆射

　　韩愈听到汴州发生兵乱的消息后，因不知妻女死活，在行至偃师西的客店里，以诗表达自己此时的忧虑：

　　　　……暮宿偃师西，展转空在床。夜闻汴州乱，绕壁行彷徨。我时留妻子，仓卒不及将。相见不复期，零落甘所丁。骄女未绝乳，念之不能忘。忽如在我前，耳若闻啼声。中途安得返，一日不可更。……①

　　此时卢氏才二十四五岁，又身怀将要出生的韩昶。她领着幼小的女儿，无依无靠，身陷乱军之中，怎不令韩愈焦虑不安，手足无措呢？正当韩愈焦躁难安时，汴州来人，说其家"乘船下汴水，东去趋彭城"，韩愈才松了一口气。于是，韩愈和全道弟兄商量，送他们平安过了黄河，西归河中虞乡万里村故里安葬董

———————————

① 《韩昌黎全集》卷二《此日足可惜赠张籍》。"展转空在床"亦作"徒展转在床"。

晋，他则东归寻找妻女。

到河阳城时，天色已晚，韩愈人困马乏，正好受到河阳三城怀州团练使李元的热情接待，可韩愈急切东归的心情是难以按捺的："日西入军门，羸马颠且僵。主人愿少留，延入陈壶觞。卑贱不敢辞，忽忽心如狂。饮食岂知味，丝竹徒轰轰。平明脱身去，决若惊凫翔。"因归去心切，韩愈就抄近道从河阳城向东由汜水渡黄河南下。到河北岸已经天黑，难以渡河，可他心急。"黄昏次汜水，欲过无舟航，号呼久乃至，夜济十里黄。中流上滩潬，沙水不可详。惊波暗合沓，星宿争翻芒。"这十分危险的黄河夜渡，不正衬托出韩愈的急切心情吗？

过黄河后，韩愈不便东经汴州，而是从东南过新郑的时门（即郑国古城的南门）。经洧水临渊，从东南过许州、陈州，又经人烟稀少的淮水陂泽，于二月底到达徐州南睢水岸上的码头符离集，找到了卢氏等全家老小。又遇上中进士而东归的张籍，"下马步堤岸，上船拜吾兄。虽云经艰难，百口无夭殇"。真是难中大幸，忧中之喜呀！于是，在符离安顿了家小，韩愈又同张籍"连延三十日，晨坐达五更"，游处月余才分手。韩愈与时任徐泗濠节度使的张建封是同乡世交，有故旧之情，便投身张建封："仆射南阳公，宅我睢水阳。①"他不仅款待韩愈，还供其家小费用。

是年春夏韩愈虽在睢上闲居，却也清闲而有乐趣。除与张籍盘桓月余外，还闭门读书、考史。他的长子韩昶就在这时生在符

---

① 《韩昌黎全集》卷二《此日足可惜赠张籍》。

离，因地起小名曰"符"①。在睢上居住时，正好一位年轻的士子张彻与他比邻。张彻向韩愈学文，二人讲诗论文，研究经史，共同游览，也颇相得。后来经韩愈作伐，又让他与自己的侄女、伯兄开封尉俞之女结婚，这样张彻不仅是韩愈的学生，还成了他的侄女婿。韩愈在元和元年写的《答张彻》诗里回忆这段交往时，颇有兴致地说："结友子让抗，请师我惭丁。"写二人萍水相逢，肝胆相照，谈诗论文，读史注经，搜奇日富，遂通佳境。朝从暮随，走石梁，涉沙水，摘野花，摸潜鱼，缘竹林，通幽径，游山玩水，相得甚欢。秋，张建封奏请韩愈为节度推官，二人暂时相别，于是在年底进京朝正时，又一船同行。

张彻，清河人，元和四年中进士，官至殿中侍御史、幽州节度判官，加赐朱衣银鱼。范阳军乱，坚贞不屈，骂贼遇害，赠给事中。韩愈为其写《祭张给事文》《故幽州节度判官赠给事中清河张君墓志铭》。韩愈盛称张彻冰清玉洁，仁爱忠义。《故幽州节度判官赠给事中清河张君墓志铭》中有一段生动真实的写照：

……守者以告其魁，魁与其徒皆骇曰："必张御史。张御史忠义，必为其帅告此余人，不如迁之别馆。"即与众出君。君出门骂众曰："汝何敢反！前日吴元济斩东市，昨日李师道斩于军中，同恶者父母妻子皆屠死，肉喂狗鼠鸱鸦。汝何敢反！汝何敢反！"行且骂。众畏恶

---

① 《全唐文》卷七百四十一韩昶《自为墓志铭并序》。

其言，不忍闻，且虞生变，即击君以死。君抵死口不绝骂，众皆曰："义士！义士！"或收瘗之。……

张建封能文能武，有勇有谋，年高位尊，在徐十二年，军州称理，保证了江南的漕运通道；礼贤下士，无贤不肖，游其门者，皆受礼遇，尤其是知名文士，更被器重。他喜欢马球畋猎，蓄妓宴乐，然对部下军吏管束颇严。对韩愈这位晚辈，盛情厚待，安排职事，却并非有意要他多管军政。但是，韩愈并非欲寄其门下过安逸享乐的生活。他在《赠族侄》诗里明确表示：

我年十八九，壮气起胸中。作书献云阙，辞家逐秋蓬。……

《踸踔》诗曰：

……愿辱太守荐，得充谏诤官。排云叫阊阖，披腹呈琅玕。……

因此，他不但想在徐州有所作为，还想让张建封举荐他至彤墀，升朝官，为国为民做一番事业。于是，他听到张建封公布"晨入（府）夜归（家）"的政令时，便上书建议取消这一政令；当他参加宴会而感到张建封游宴过分时，写诗请张建封"莫辞酒"，要节用蓄力，保境安民；当他看到张建封打球射猎无度时，就写诗给他，说："当今忠臣不可得，公马莫走须杀贼。①"认为伤人坏马，不利战备。然而，这些都未得到张建封允肯，甚至说他不懂军事："韩生讶我为斯艺，劝我徐驱作安计。不知戎事竟何成，且愧吾人一言惠。②"由此，韩愈便产生了从仕之难、嗟叹身世的烦怨："骐骥不敢言，低徊但垂头。""骐骥生绝域，自矜无匹俦。③"在京师，欧阳詹又为他求职不得，回彭城（徐州）后更加沮丧，认为"我欲进短策，无由至彤墀"，纵有"刳肝以为纸，沥血以书辞；上言陈尧舜，下言引龙夔"的愿望与才能，也无可奈何。所以，他回徐州后竟是"连日或不语，终朝见相欺""遇酒即酩酊，君知我为谁"④？还生出了"我将辞海水，濯鳞清冷池；我将辞邓林，刷羽蒙笼枝"⑤的念头。中国封建社会的知识分子大都重知遇之情，士为知己者死；张建封对韩愈虽有恩却不是知己，更非同道。所以，韩愈说：

> ……韩愈之事执事，不以道，利之而已耳。苟如是，虽日受千金之赐，一岁九迁其官，感恩则有之矣，将以称于天下曰：知己！知己，则未也。……⑥

---

① 《韩昌黎全集》卷三《汴泗交流赠张仆射》。
② 《全唐诗》卷二百七十五《酬韩校书愈打球歌》。
③ 《韩昌黎全集》卷二《驽骥赠欧阳詹》。
④ 《韩昌黎全集》卷二《归彭城》。
⑤ 《韩昌黎全集》外集卷一《海水》。
⑥ 《韩昌黎全集》卷十七《上张仆射书》。

"聊复辞去，江湖余乐也。^①"最终，韩愈于贞元十六年（800）春夏之交离开了徐州幕；值得称道的是韩愈虽不赞成张建封畋猎、击球无度，却有感于张建封技艺精湛，写出《雉带箭》《汴泗交流赠张仆射》等射猎与击球的佳作。《雉带箭》云：

> 原头火烧静兀兀，野雉畏鹰出复没。将军欲以巧伏人，盘马弯弓惜不发。地形渐窄观者多，雉惊弓满劲箭加。冲人决起百余尺，红翎白镞随倾斜。将军仰笑军吏贺，五色离披马前堕。

张建封有龙跳虎卧之姿，韩愈有变态灵妙之笔；张建封有高超的技艺，韩愈有卓异之描写。句句实景，句句绝佳，两两相得益彰。苏轼膺服此诗，不仅以《江城子·密州出猎》词学之，还大字书写，叹为绝妙。《汴泗交流赠张仆射》诗，不仅是写马球运动的杰作，也是中国文学史上时间最早、写得最好的描写体育运动的诗：

> 球惊杖奋合且离，红牛缨绂黄金羁。侧身转臂著马腹，霹雳应手神珠驰。超遥散漫两闲暇，挥霍纷纭争变化。发难得巧意气粗，欢声四合壮士呼。

韩愈以神来之笔写非凡球艺，可谓艺、诗双绝。

---

① 《韩昌黎全集》卷十五《与孟东野书》。

文士初聚会

刘昫《旧唐书·韩愈传》云：

> 大历、贞元之间，文字多尚古学，效扬雄、董仲舒之述作，而独孤及、梁肃最称渊奥，儒林推重。愈从其徒游，锐意钻仰，欲自振于一代。

长安十年，韩愈与同好们切磋琢磨，大量写作"古文"，举起"文者修辞以明道"的旗帜，已获得一定成效与声誉；汴、徐时期，他有意识地推行自己的主张，倡导古学，团结、培育"古文"写作队伍，开始形成以其为核心，以复古为号召，以创新为目的的文学集团，这也是韩愈有意识地欲自振一代的开始。

李翱《祭吏部韩侍郎文》云：

> 贞元十二，兄在汴州。我游自徐，始得兄交。视我无能，待予以友。讲文析道，为益之厚。二十九年，不知其久。

　　可证二人定交在是年，时李翱二十三岁。在汴相会诸公中李
翱来得最早。从贞元十二年秋至十三年冬，李翱一直在汴州跟韩
愈学写文章，在这一年多里长进很快，且于十四年春进士及第。
韩愈指导李翱写文章，面教口授，非常认真；李翱也按韩愈指导
写作。贞元十三年的一天，韩愈在城西家和李翱论文，讲了高
愍女的事迹给李翱听。说建中二年，高彦昭守濮阳而归顺天子，
逆贼扣押其妻子女儿。当时愍女才七岁，母李氏怜其幼而无辜，
请免愍女一死而为奴，虽被允准，可妹妹（女名）说："受辱不
如死，况且母亲、兄长皆不免一死，我怎么能自己一个人不死
呢？"后被害，太常寺赠谥曰"愍"。然后韩愈教李翱写《高愍
女碑》，此文具体而简洁，议论精彩，且毫无骈文痕迹，是一篇
好"古文"①，现收入《李文公集》卷十二。李翱中进士后又回汴
州，待了一段时间。

　　贞元十三年春夏，孟郊从湖州武康来汴州，再次与韩愈、
李翱会游。十月，经孟郊介绍，张籍怀着寻找知己的心情来到
汴州，投身韩愈。在此之前，孟郊已经把张籍的情况介绍给了韩
愈，所以，韩愈贞元十五年写的《此日足可惜赠张籍》云："念昔
未知子，孟君自南方；自矜有所得，言子有文章。"韩愈听说张
籍到汴州城，赶忙用车把他接到城西自己的家："维时月魄死，
冬日朝在房。驱驰公事退，闻子适及城。命车载之至，引坐于中

---

① 《韩昌黎全集》卷十七《与冯宿论文书》云："近李翱从仆学文，颇有所
得，然其人家贫多事，未能卒业其业。有张籍者，年长于翱，而亦学于仆。其文
与翱相上下，一二年业之，庶几乎至也。"记李、张学文于韩。

堂，开怀听其说，往往副所望。"又说："留之不遣去，馆置城西旁。"之后张籍和韩愈就住在一起，读书作文，辩论问题。如张籍下年夏秋写的《寄韩愈》所说："读书避尘杂，方觉此地闲。"他们一起到西潭垂钓，烹鲙共享，尽游乐之兴。张籍比韩愈大两岁，然而诗文修养及文名远不及韩愈。韩愈有奖掖后进的品德，张籍有好学的志趣，于是韩愈常和张籍一起讲诗论文，指导张籍写作，相处十分融洽。于是两人成了"由兹类朋党，骨肉无以当。坐令其子拜，常呼幼时名。追招不隔日，继践公之堂。出则连辔驰，寝则对榻床。搜穷古今书，事事相酌量。有花必同寻，有月必同望"①的好友。下年，张籍又被韩愈首荐赴长安应试，高中进士，后世称张籍为韩门弟子者由此而起。

张籍性狷直，好辩不苟同，这一点颇似韩愈。大约在贞元十四年春，韩愈受命后，二人见面机会较少，便以书信方式来了一场辩论。张籍《与韩愈书》说，仲尼死后，杨、墨恢诡异说，干惑人听；孟轲作书正之，圣人之道得留。秦皇焚书坑儒，汉以黄老之术教人，使人寝惑；扬雄作《法言》辨正，圣人之道又得彰明。汉末佛法传入中国，信者日众，与黄老之术相沿昌炽，圣道不传，使君臣父子朋友之义不存，国家战乱相继，仁义之人痛惜。他指出："自扬子云作《法言》，至今近千载，莫有言圣人之道者，言之者惟执事焉耳。"并建议："执事聪明，文章与孟轲、扬雄相若，盍为一书以兴存圣人之道，使时之人、后之人知其去

---

① 《张司业集》卷一《祭退之》。

绝异学之所为乎？"接着批评韩愈好驳杂无实之说、好博塞之戏、与人商论好胜等行为。

韩愈见到张籍这番批评，既不气恼，也不疏远，而是以理辩之。《答张籍书》云：

> ……仆自得圣人之道而诵之，排前二家有年矣。不知者以仆为好辩也；然从而化者亦有矣，闻而疑者又有倍焉。顽然不入者，亲以言谕之不入，则其观吾书也固将无得矣。为此而止，吾岂有爱于力乎哉？然有一说：化当世莫若口，传来世莫若书。又惧吾力之未至也。"三十而立，四十而不惑"，吾于圣人，既过之犹惧不及；矧今未至，固有所未至耳。请待五六十然后为之，冀其少过也。吾子又讥吾与人人为无实驳杂之说，此吾所以为戏耳……博塞之讥，敢不承教。……

张籍读了韩愈的回书后，又给了韩愈第二书。进一步强调：反佛老，倡儒道，不如著书。著书可以教化天下所有的人，也可以传于后世，如果等五六十再著书，一旦来不及，后悔就晚了。对张籍第二书，韩愈仍耐心地给予回答，《重答张籍书》云：

> ……今夫二氏行乎中土也，盖六百年有余矣。其植根固，其流波漫，非所以朝令而夕禁也。自文王没，武王、周公、成、康相与守之，礼乐皆在，及乎夫子，

未久也；自夫子而及乎孟子，未久也；自孟子而及乎扬雄，亦未久也，然犹其勤若此，其困若此，而后能有所立；吾其可易而为之哉！其为也易，则其传也不远，故余所以不敢也。……俟五六十为之未失也。天不欲使兹人有知乎，则吾之命不可期；如使兹人有知乎，非我其谁哉？其行道，其为书，其化今，其传后，必有在矣。吾子其何遽戚戚于吾所为哉？……

从韩愈的话里，可见古圣贤人对著书立说的严肃态度。

至于讲到与人商论，不能下气，好胜者时，韩愈回答："虽诚有之，抑非好己胜也，好己之道胜也；非好己之道胜也，己之道乃夫子、孟轲、扬雄所传之道也。若不胜，则无以为道。"

为什么韩愈立身行事、与人商论，都那样气壮呢？就是因为他认为所卫、所传之道，是圣人之道。他是要用儒学道统规整全国上下的思想，达到统一全国、振兴唐朝的目的。

二人据理争辩，当仁不让；却都很诚恳，体现了好友之间追求真理的态度。通过辩论，不仅使问题愈辩愈明，也促进了了解。师友之谊，终生不移。此后韩愈文成往往先给张籍看，即张籍所说"为文先见草"。大约在这年的秋冬，韩愈患了一场病。"中虚得暴下，避冷卧北窗。不踏晓鼓朝，安眠听逢逢。"这时张籍还未去长安应试，韩愈写了这首《病中赠张十八》诗给张籍，说张籍的文章已写得很好："文章自娱戏，金石日击撞，龙文百斛鼎，笔力可独扛。"他虽然抱病，为了张籍战艺词场，还

"扶几导之言"，使他能文辞盈气，论辩开阖，变化机关，游刃有余。

这段时间里，韩愈还结识并指导了一些在开封的文士秀才写文作诗，对其倡扬道统、推行古文都起了很好作用。孟郊、李翱、张籍来汴，相处一二年之久，使得以韩愈为首的韩孟文学集团的核心已经形成。下年又有在徐州的张彻等人加入，使这支队伍进一步扩大。

韩愈在公务之余，常和孟、李、张交游酬唱。贞元十四年仲春，李翱中进士后东归省亲路过汴州，孟郊又有远游之意，故孟、韩、李再一次同游联唱时作《远游联句》，共四十韵，孟郊二十，韩愈十九，李翱一。从孟郊"楚客宿江上，夜魂栖浪头""楚些待谁吊？贾辞缄恨投"，韩愈"灵瑟时窅窅""恨竹泪空幽""昌言拜舜禹，举帆凌斗牛。怀糈馈贤屈，乘桴追圣丘"等多用楚湘典事推断，孟郊这次远游欲往楚、湘。从孟句"当春忽凄凉，不枯亦飕飗"，韩句"离思春冰泮，澜漫不可收"分析，时间当在仲春（且早春时李还在长安）。

孟郊还有《与韩愈李翱张籍话别》诗，说："秋桐故叶下，寒露新雁飞。远游起重恨，送人念先归。"此诗当写于十三年秋冬。孟郊虽自云话别，然话而未别，只是已起远游之思，别的却是李翱西去长安应试。在此年早春，孟郊有《汴州留别韩愈》云：

不饮浊水澜，空滞此汴河。坐见绕岸冰，尽为还

海波。四时不在家，弊服断线多。远客独憔悴，春英落
婆娑。……

点明早春时他已欲离汴。因孟郊心情郁闷，独客思亲，故韩
愈有《答孟郊》诗："人皆余酒肉，子独不得饱。才春思已乱，始
秋悲又搅。""才春"二句倒转，当是先言秋后说春。从诗歌总体
成就看，韩孟旗鼓相当，人称"韩孟"。如从有新的创获、开一
代新诗风着眼，则韩高孟一筹。

洛阳山水情

　　此前，韩愈毅然离开徐州幕府，时间当在张建封五月十三日卒前不久。《闵己赋》里所谓"悲不及古之人""凭文章以自宣""虽举足以蹈道兮，哀与我者为谁"正表现了他这时愤时自伤的心态。不过，在这段时间里，韩愈也有几件称心的高兴事。一是由韩愈主持的李翱与其侄女的婚事。贞元十六年三月，韩愈给孟郊的信里就说，李翱将于五月来符离，与其兄韩弇之女完婚。李翱家境贫寒，但人颇有才华，又是书香门第；韩弇死后妻女可能皆由韩愈照顾，二人的婚事应也是韩愈搭的鹊桥。对韩愈来说这当然是件满意的喜事①。

　　二是在李翱完婚后的五月上中旬，他和几位朋友有一次舒心畅意的会游。同游者五人除韩愈外还有李翱、王涯、侯喜和李

---

① 李翱《李文公集》卷十五《故朔方节度掌书记殿中侍御史昌黎韩君夫人京兆韦氏墓志铭》："贞元三年，吐蕃乞盟，诏朔方节度使即塞上与之盟，宾客皆从。其五月，吐蕃不肯盟，殿中君于是遇害，时年三十有五，夫人始年十有七矣。有女子一人，其生七月而孤。……殿中君从父弟愈，孝友慈祥。贞元十六年，以其女子归于陇西李翱。"时李翱二十七岁。

生①。王涯是韩愈的同榜进士，为同年学友，这时还未释褐任官，可能是宦游而遇，或与李翱同由吴越而来。侯喜与韩、李皆为好友，有可能就是为韩、李而来。与李生则是在下邑不期而遇，然而他与韩愈早在韩愈进京应试过河中时就已相识。他们从符离出发去宋州，到睢阳便开始畅游。睢阳附近的古迹很多，风景也好。既沿睢水，又有运河，交通方便。清泠池在城东二里许的运河边上，碧波粼粼，天蓝水碧，池里鱼鸟戏游，岸边绿树成荫，怎能不荡舟一游呢？五月上中旬，天气炎热，在澄澈的清泠池上荡舟，定会一洗暑气热汗。到文雅台下，泊船登台，西望商丘，东眺修竹园，谈天论地，畅抒胸怀，好不惬意。这就是韩愈《题李生壁》中说的：

> ……是来也，余黜于徐州，将西居于洛阳。泛舟于清泠池，泊于文雅台下。西望商丘，东望修竹园。……

李生事迹不详，另四人韩、王、李、侯皆以文知名，来到梁

---

① 刘国盈《韩愈评传》谓李生名干。误。韩愈《太学博士李君墓志铭》："太学博士顿丘李干（一作'于'），余兄（会）孙女婿也。年四十八，长庆三年正月五日卒。……子三人，皆幼。"长庆三年，上推四十八年为大历十一年（776），如按李生生于大历十一年，则他与韩愈第一次相会于河中的贞元二年才十一岁，实不可能。又《题李生壁》说他二人"始相见，吾与之皆未冠"，那年韩十九岁，李生也当年相若。又说"今者相遇，皆有妻子"，至李干卒时，其子长者至少二十三岁，与子三人皆幼不和。一说李生名平或可信。

孝王招揽文士的梁苑①，怎能不访古人遗迹，搜文士之华章呢？梁孝王好宫室苑囿之乐，作曜华宫，筑兔园。园中有百灵山，山有肤寸石、落猿岩、栖龙岫、雁池。池间有鹤洲、凫渚，宫观相连，延亘数十里，奇果异树，瑰禽怪兽，无所不备。梁孝王在此与文人酬唱，伎女曼舞，弋钓戏乐。此游在"贞元十六年五月十四日"许。

　　韩愈回洛阳后，暂时在洛阳住下来。是冬明春虽曾赴京参加调选，却是"借问读书客，胡为在京师""举头未能对"，只好"闭眼聊自思"，一无所得，扫兴而归②。此次孟郊也来候选，授溧阳尉。韩愈不仅再次与孟郊会晤，还经孟郊介绍结识了房蜀客。房蜀客，名次卿，贞元七年（791）中进士，虽有大才，因不能俯仰顺时，年四十尚守京兆兴平县尉。元和七八年间孟郊写的《吊房十五次卿少府》诗回忆这时事说："昔年此气味，还走曲江滨。逢著韩退之，结交方殷勤。"

　　洛阳是仅次于长安的政治文化中心，不少著名诗人、文士常来聚游。颇有意义的是韩愈与李景兴、侯喜、尉迟汾等人的洛北惠林寺之游。韩愈《洛北惠林寺题名》云：

---

① 梁苑：《元和郡县图志》卷七河南道三："汉文帝封其子武为梁王，自汉至晋为梁国，属豫州。"治宋城县。州城"汉梁孝王广睢阳城七十里，开汴河，后汴水经州城南。兔园，县东南十里。汉梁孝王园。清泠池，在县东二里。"
② 《韩昌黎全集》卷五《将归赠孟东野房蜀客》。

　　韩愈、李景兴、侯喜、尉迟汾，贞元十七年七月二十二日，鱼于温洛，宿此而归。昌黎韩愈书。

　　虽然所记只是一次，却记录了两件事。

　　一是钓鱼于温洛。温洛即洛水，古谓："王者有盛德之应，则洛水先温。"故洛水又称温水①。韩愈《赠侯喜》诗生动形象地记录了这一趣事：

　　吾党侯生字叔起，呼我持竿钓温水。平明鞭马出都门，尽日行行荆棘里。温水微茫绝又流，深如车辙阔容辀。虾蟆跳过雀儿浴，此纵有鱼何足求。我为侯生不能已，盘针擘粒投泥滓。晡时坚坐到黄昏，手倦目劳方一起。暂动还休未可期，虾行蛭渡似皆疑。举竿引线忽有得，一寸才分鳞与鬐。是时侯生与韩子，良久叹息相看悲。……

　　韩愈与侯喜从早晨持竿策马，出城踏着荆棘丛，在那欲流又断的河滩上，走来跳去，太阳偏西时才找到可以钓鱼的地方。一直稳坐到夜幕降临，才钓上一条鳞鬐刚分的寸长小鱼。两人不觉相视而叹。其中对"深如车辙阔容辀"的水势、蛙跳雀浴的

────────────

① 见《易乾凿度》。《元和郡县图志》卷五河南道一：洛水，在（河南）县北四里。

情态、分针擘粒的投钓、太阳偏西到黄昏的稳坐，都写得有态
有势，有情有趣，活灵活现，真是善于模物赋形。"叹""悲"，
两个极富情感的字，既"叹""悲"他们钓鱼运气不佳的乐中之
苦；又叹、悲他"半世遑遑就举选，一名始得红颜衰"的坎坷
仕途。

　　两人相视苦笑着把小鱼放到水里，到附近山间的惠林寺夜
宿，这是《洛北惠林寺题名》里所记的第二件事。巧的是写垂钓
诗里的"晡时坚坐到黄昏"句，正好与写宿寺游山的《山石》诗
里"黄昏到寺蝙蝠飞"句接上。而且《山石》里"人生如此自可
乐，岂必局束为人鞿"句所抒发的思想感情，正好可以作为《赠
侯喜》诗"我今行事尽如此，此事正好为吾规"的反向注脚。
跳出半生汲汲以求的仕途，进入无拘无束的山林野寺，使人性返
归自然，自得其乐，为之陶醉。所以，《山石》诗结语说："嗟哉
吾党二三子，安得至老不更归。"也点明他们是同道聚游。由此
可证，从汴到徐，从徐归洛，韩愈文学集团的队伍不断扩大。
《山石》是韩愈诗中名篇，写得着实具体形象，情景交融，是首
好诗。以诗里提供的情况看，他们走过山石荦确的曲曲小道来到
山寺后，坐在堂前的阶上稍稍休息，就有老僧擎灯领着他们到佛
堂里看佛画，一边看一边称赞。老僧哪里了解韩愈辟佛的底细，
只管夸夸其谈，韩愈只好敷敷衍衍地听。其实，他和侯喜等玩了
一天，早就饿得肚子里咕噜叫了。所以，当老僧铺床拂席端上粗
粝的饭菜时，他们也不管好坏，狼吞虎咽，吃得那样香，真可谓
霎时间杯盘狼藉，一扫而光。白天又热又累，山间古刹又是新雨

后的清心凉爽，饭后洗了洗，几个人有说有笑，忘记了人世间的一切烦恼。韩愈体胖嗜睡，呼呼进入梦乡，一觉醒来天已大亮。他爬高上崖，行走在云雾缭绕的山石丛林中。雨后的清晨，太阳金光喷洒，山景似洗。山上的野花上、峭壁上反射出来的灿烂阳光正和山涧里的翠树绿荫，交织成错落烂漫的美丽山景。高大挺拔的松枥树，激激的涧中溪流，清风吹衣，令人忘忧。这样怡人的大自然胜境，怎能不让几位文坛秀士乐而忘返呢？文人名士聚游，在中国文化史上有丰富的内容。多少优美的山水诗、散文游记产生在他们的足迹之后。他们文化修养高，审美能力强，会游之中更能发掘自然美的深刻内涵。韩愈、李景兴、侯喜、尉迟汾等四人钓温洛，宿惠林，登山涉水后，韩愈写下的这一记二诗，不就是很好的文化财富吗？

在四人中，侯喜不仅是韩愈的终身好友，也是韩门弟子。侯喜，字叔起，由于韩愈的教导和推荐，贞元十九年（803）进士及第，官终国子主簿，长庆三年（823）去世。韩愈《祭侯主簿文》云：

> 惟子文学，今谁过之？子于道义，固不舍遗。我狎我爱，人莫与夷；自始及今，二纪于兹。我或为文，笔俾子持；唱我和我，问我以疑。我钓我游，莫不我随；我寝我休，莫尔之私。朋友昆弟，情敬异施；惟我于子，无适不宜。

其情可见。在韩愈诸友与韩门子弟中二人往还的诗文也最多。他颇称侯喜的为人和诗文，说："（侯喜）为文甚古，立志甚坚，行止取舍有士君子之操。^①""侯生来慰我，诗句读惊魂。^②"

尉迟汾，也是投韩门学文的。韩愈《答尉迟生书》就向尉迟汾讲了作文的道理：

> 夫所谓文者，必有诸其中，是故君子慎其实；实之美恶，其发也不掩：本深而末茂，形大而声宏，行峻而言厉，心醇而气和；昭晰者无疑，优游者有余；体不备不可以为成人，辞不足不可以为成文。

经韩愈指导和举荐，尉迟汾于贞元十八年（802）登进士第。

因为韩愈倡古道写"古文"的名气大，在洛阳还有不少人向他请教作文之法，投师韩门，比如李翊。贞元十七年的夏天，李翊登门拜谒，请韩愈指导他写文章，喜奖掖后进的韩愈就耐心教他；有时也像张籍在汴州一样，除了当面指导，李翊还写信请教。于是，就有韩愈以论文著名后世的答李翊二书，可惜的是李翊的来信已失传。韩愈对李翊说，要立言，不能求速成，不要为外界势利所引诱，要坚持，要专心。就像植树一样养根俟实，

① 《韩昌黎全集》卷三十七《与汝州卢郎中论荐侯喜状》。
② 《韩昌黎全集》卷十《和侯协律咏笋》。

增加养分，果实才有光泽。所以，仁义之人，讲出话来才会有涵养，合礼数。然后用他的亲身体会，详细地讲了作文之法。韩愈告诉李翊，第一步，先读圣人书，通过读圣人书立圣人志。说他积二十年的经验，不是三代两汉的书不看，不是圣人之志不存，久而久之，就会达到出神入化的若忘、若遗、若思、若迷的境界。动手写文章时，一定要去掉陈言，这一步是很难的。开始学写文章，写不好不要怕别人讥笑，要坚持练习下去。第二步，辨别真伪。只有能辨真伪，才能去除陈言。识古书之正伪和练习写古文，是一个长期实践的过程；不要受外界影响，坚持下去，就会达到"汩汩然来矣"的境界，动手写起文章来就能左右逢源，得心应手，但不能就此止步。第三步，还要平心察之。持之以恒，最后使文章达到"浩乎其沛然"的高度。技艺精湛，思想醇正，挥笔著文，就会达到如江河注入东海一样气势磅礴的境界。虽说如此，要真正写好古文还不能掉以轻心。学虽有成，还要巩固，继续修养，继续提高，无迷其途，无绝其源。最后，信里还提出哲学及文学理论上的一个重要问题："气，水也；言，浮物也；水大而物之浮者小大毕浮。气之与言犹是也，气盛则言之短长与声之高下者皆宜。"这就是韩愈文论中著名的"气盛言宜"说。文章讲气势，始自孟子；把气说用之于文学创作，当成文学的重要理论自韩愈始。韩愈崇尚古圣贤之道、三代两汉的经典与"古文"，而鄙薄骈四俪六的时文。但他把古书视为源，以今之文学理论衡之，则是把源与流的关系弄颠倒了。经韩愈指导，李翊下年就中了进士。

　　韩愈也不只与文士交往。贞元十七年（801）五月二十五日，工部侍郎赵植为广州刺史兼御史大夫、岭南节度使，署窦平为从事①。窦平的族侄窦牟为东都留守判官，发起了东都知名文士二十八人为窦平送行的大聚会。韩愈以窦氏故交与知名文士的身份应邀参加，写了《送窦从事少府平序》，记叙了送行聚会的盛况。窦平，扶风平陵人，贞元五年中进士，与窦牟父叔向，兄窦常，弟群、庠、巩等皆以诗文知名于世，有官位政绩。窦氏兄弟在韩愈还是童蒙时就与其有深厚交情，其中如师如兄者尤以牟、庠为最。

　　有一位隐居盘谷的高士——李愿，此来洛阳，与韩愈交游而情投趣合。李愿要回盘谷，韩愈写《送李愿归盘谷序》送行，盛赞了盘谷寺的优美环境与李愿的高洁情操。穷居野处，升高望远，茂树自坐，清泉自洁。采于山，美可茹；钓于水，鲜可食。起居无时，惟适而安。不求名利，不忧于事而乐于心，排去一切人间理乱烦恼。这实际上是韩愈求官不得、闲居洛阳、愤世嫉俗心态的曲折反映。所以，他抨击那些有权有势、侍从依势欺人、妻妾侍女满堂的达官显贵；讽刺那些奔走于形势之途的小人，活画出他们"足将进而趑趄，口将言而嗫嚅"的丑态。苏轼赞此文说："唐无文章，惟韩退之《送李愿归盘谷》一篇而已。平生愿效此作一篇，每执笔辄罢，因自笑曰：'不若且放，教退之

---

① 《旧唐书·德宗纪下》："（贞元十七年五月）丙戌（25日），以工部侍郎赵植为广州刺史兼御史大夫、岭南节度使。"

独步。'①"

　　不过，韩愈终究没有归隐，没有过采山食钓的盘谷生活，而是再赴长安求仕，从此，又开始了他的新生活。

---

① 《东坡题跋》卷一《跋退之送李愿序》。

（四）为民请命谪阳山

利剑光耿耿，佩之使我无邪心。故人
念我寡徒侣，持用赠我比知音。我心如冰
剑如雪，不能刺谗夫，使我心腐剑锋折。
决云中断开青天，噫！剑与我俱变化归
黄泉。

——《韩昌黎全集》卷二《利剑》

风雨灵台夜

　　韩愈《县斋有怀》云："尘埃紫陌春，风雨灵台夜。"紫陌指帝京，灵台谓国学，通指他在京任正七品上的国子博士生活。贞元十八年春，杨柳吐绿、红紫斗芳、水满花树的曲江，又迎来一个御赐新进的盛大宴会，在京的百官及是春登科的新进之士都来参加①。新登科的士子披红戴花，跨马游街，年轻得意，煞是风光。韩愈也怀着特别激动的心情来参加庆贺。这是因为今年及第的二十三名进士里，竟有四名是韩愈举荐给试官的：尉迟汾、侯云长、沈杞、李翊。这四人皆接受过他的教育，都算韩门弟子。

　　韩愈早知今年的主考礼部侍郎权德舆、辅佐阅卷选士的祠部员外郎陆傪德高行尊，重贤爱才，故于去冬刚任四门博士不久，就写了《与祠部陆员外书》，推荐出类超群、文成行尊的侯喜、

―――――――――

①《韩昌黎全集》卷十九《上巳日燕太学听弹琴诗序》：……（天子）诏公卿群有司，至于其日，率厥官属，饮酒以乐……三月初吉，实惟其时，司业武公（少仪）于是总太学儒官三十有六人，列燕于祭酒之堂……歌风雅之古辞，斥夷狄之新声，褒衣危冠，与与如也。

侯云长、刘述古、韦群玉、沈杞、张弦、尉迟汾、张后馀、李
翊、李绅等十人应试。除贞元二十年（804）停贡举，权德舆连续
主持十八年、十九年、二十一年（805）的三届贡举，共取进士
七十二人，韩愈荐与陆傪的十人中七人高中。除十八年高中的四
人外，侯喜十九年及第，韦群玉（珩）、刘述古二十一年及第。
余三人：李绅以元和元年及第，张后馀、张弦以元和二年(807)
及第。未出五年，十人皆中。可见韩愈育才荐人，陆傪识才选
人，权德舆信贤得人，这不但在中唐是个奇迹，也被后世传为佳
话。此后韩愈以位卑职微的身份，一直与陆、权保持尊长与朋友
关系。如陆出刺歙州时，韩为之送行，写的《送陆歙州诗序》里
说："陆君之去兮，谁与翱翔。"陆病故后哭陆诗云：

> 人皆期七十，才半岂蹉跎。并出知己泪，自然白发
> 多。晨兴为谁恸？还坐久滂沱。……①

权德舆，为德宗朝名相，元和十三年（818）病逝，韩愈为
撰《唐故相权公墓碑》，回忆贞元十八年，权公典贡举时说："荐
士于公者：其言可信，不以其人布衣不用；即不可信，虽大官势
人交言，一不以缀意。奏广岁所取进士、明经，在得人，不以
员拘。"

---

① 《韩昌黎全集》卷四《哭杨兵部凝陆歙州》。

故宋洪迈《韩文公荐士》说："韩公与书时，方为四门博士，居百寮底，殊不以其荐为犯分。"又说权德舆："前后考第进士，及庭所策试士，踊相蹑为宰相达官，其余布处台阁外府，凡百余人。"

从薛公达始，到韩愈在汴徐二府团结的一批文学青年，都成为学成行尊、有政绩有影响的名人。还有《师说》中的李蟠，贞元十九年举才识兼茂科。《答胡生书》里向韩愈学文的胡直均，也登十九年进士第。还有之后从学于韩愈的皇甫湜、李汉皆驰名中唐政界与文坛。其他如沈亚之、贾岛、卢仝、刘叉、李贺等中唐名人，无不受到韩愈的教导与荐引，故李肇说："韩愈引致后进，为求科第，多有投书请益者，时人谓之韩门弟子。[①]"此后，经他举荐迁官的还有殷侑、樊宗师、张惟素、韩泰、韦颙、张正甫、马总等。

举荐人才使有用之才得到重用是一面，见有用之才被压抑而为之鸣不平是另一面。这两个方面构成了韩愈人才思想的整体内容。韩愈一生对中唐乃至后世的一大贡献即奖掖后进、培育与荐拔人才。贞元十八年春夏，他写了一篇彪炳千秋的名文《送孟东野序》。序以"大凡物不得其平则鸣"叫起，以"鸣"字为轴贯穿，纵横取喻设论，大开大合，寓意深远。历数古代善鸣者后，又以盛唐善鸣诸公垫底，推出才高志洁而又善鸣者孟郊。孟郊虽是中唐时期不可多得的人才，却屡试不第，四十六岁才中进士，

---

① 李肇《唐国史补》卷下。

五十岁才授一溧阳尉。一生穷困寒辛，难能施展怀抱，其不平确实应该鸣。不仅是孟郊，还有柳宗元、李贺、何蕃、董邵南等许许多多的才德之士，韩愈也都为他们鸣不平。封建社会压抑人才是普遍现象，韩愈之鸣抓住了根本性的普遍问题，是很有见地的。"不平则鸣"与"舒忧娱悲"构成了韩愈现实主义诗论的重要内容。

　　三月三日，韩愈在参加了上巳节京城长安太学举行的宴会后，就请假去洛阳搬取家眷。五月发生了一件惊动后世的趣闻。事并不大，经人一传，愈传愈热闹，竟成为后世争论的一桩公案。五岳之中，华山以险著称。韩愈不仅诗文尚奇，平日也爱猎奇。他借路过华山的机会，与诗人鲍溶同登华山，登之悬崖绝径时，险峭难下，吓得魂惊失色，度量难以下山，不由得失声大恸，呼喊求援。经华山县令派人帮助，才得脱险下山[①]。后来他在《答张彻》诗里，告诫后人时回忆说："洛邑得休告，华山穷绝陉。倚岩睨海浪，引袖拂天星。日驾此回辖，金神所司刑。泉绅拖修白，石剑攒高青。磴藓澾拳踢，梯飙飐伶俜。悔狂已咋指，垂诫仍镌铭。"对这次华山历险作了真实形象的陈述。方崧卿《韩集举正》里说："《鲍溶集》有陪公登华山诗，盖五月也。"鲍溶《夏日华山别韩博士愈》诗云："别地泰华阴，孤亭潼

---

① 李肇《唐国史补》卷中："韩愈好奇，与客登华山绝峰，度不可返，乃作遗书，发狂恸哭，华阴令百计取之，乃下。"沈颜《聱书》说李肇妄说，魏泰《临汉隐居诗话》不同意沈说。于是世代争论不休，实际韩愈自己讲得清清楚楚。

关口。……青霄上何阶，别剑空朗扣。……咫尺岐路分，苍烟蔽回首。"

韩愈在四门博士任上，还遇上了一件牵动朝野的大事。在封建社会，皇帝祭祖，很重视历代宗亲的位次。从建中二年始议太祖、懿祖、献祖之位，至贞元十九年，历二十余年未决，今年孟夏又该禘祭。于是德宗三月十六日下了一道诏书，让百僚献议，限五日上奏。韩愈以儒学专家的身份写了《禘祫议》这篇论文，引经据典，力排裴郁、李嵘、裴枢、陈京、仲子陵、柳冕等众名臣之议。其指出：

> ……此五说者（韩愈综以上诸人之说为五点），皆所不可，故臣博采前闻，求其折中。……景皇帝虽太祖也，其于献、懿，则子孙也。当禘祫之时，献祖宜居东向之位，景皇帝宜从昭穆之列；祖以孙尊，孙以祖屈，求神之道，岂远人情？又常祭甚众，合祭甚寡，则是太祖所屈之祭至少，所伸之祭至多；比于伸孙之尊，废祖之祭，不亦顺乎？……

韩愈学富五车，熟悉古代礼法，自认为古代礼法应以献祖李熙为始祖，其庙主应东向正位，而太祖以下以昭穆之序列于两侧。实际上在贞元时期，德宗李适当政，早已将献、懿神主迁出正室崇位，韩愈只重礼法，未考虑皇帝之意，自然不会得到认可①。对这位执政的皇帝说，还是近者亲，远者疏；不管是否合乎礼法，更不讲什么报本反始。由此也可以看出韩愈率直而不畏上的性格和他捍卫儒道的学究气。

此年春夏无雨，关中大旱成灾。南郊祭山祀水祈雨，却仍无下雨征兆。韩愈从祭南山炭谷湫回府后，惦念天旱给百姓造成的疾苦，说："吁无吹毛刃，血此牛蹄殷。至令乘水旱，鼓舞寡与鳏。②"恨湫中之龙在百姓盛祭歌舞的情况下仍不下雨，就想拔出吹毛利剑，斩杀湫中之龙。正在烦愁因天旱民不聊生时，家里又传来了噩耗：侄子韩老成死了。韩愈幼年就和比自己稍小的侄子生活在一起，后几次相聚，几次想搬取老成家小同居，都希望成灰。在终生愿望将要实现的时候，韩老成却在壮年不当死时离开了自己。兄葬、嫂丧、侄死，这一连串的事情一齐涌上心头，这怎么不使他悲伤欲绝，痛不欲生呢？于是，韩愈在泣血哭诉中写下了恸人肝肺的《祭十二郎文》：

> ……孰谓少者殁而长者存，强者夭而病者全乎！呜呼，其信然邪？其梦邪？其传之非其真邪？信也，吾兄之盛德，而夭其嗣乎？汝之纯明而不克蒙其泽乎？少者强者而夭殁，长者衰者而存全乎？未可以为信也，梦也，传之非其真。东野之书，耿兰之报，何为而在吾

① 事见《新唐书·礼乐志三》《新唐书·陈京传》，《通典》卷五十，《册府元龟》卷五百九十，《唐会要》卷十三。

② 《韩昌黎全集》卷五《题炭谷湫祠堂》。

侧也？呜呼！其信然矣，吾兄之盛德，而夭其嗣矣！汝
之纯明宜业其家者，不克蒙其泽矣！所谓天者诚难测，
而神者诚难明矣！所谓理者不可推，而寿者不可知矣！
虽然，吾自今年来，苍苍者或化而为白矣，动摇者或脱
而落矣。毛血日益衰，志气日益微，几何不从汝而死
也！死而有知，其几何离；其无知，悲不几时，而不悲
者无穷期矣！汝之子始十岁，吾之子始五岁，少而强者
不可保，如此孩提者又可冀其成立邪？呜呼哀哉，呜呼
哀哉！

他告慰老成，要以自己的余年，教导老成和他的儿子长大成人，
打发老成的女儿与他的女儿出嫁。如此而已，还想别的什么呢？
真是"言有穷而情不可终"，最后叫出："汝其知也邪？其不知也
邪？"当我们读这篇祭文时，可以想见，韩愈是一边哭叫，一边
写，字字是泪，字字是血，一句一顿，恸极后人。写生前离合，
是追述处要哭，写死后惨切，是处置处要哭。所以，一位名士颇
有感慨地说："读诸葛孔明《出师表》而不堕泪者，其人必不忠；
读李令伯《陈情表》而不堕泪者，其人必不孝；读韩退之《祭
十二郎文》而不堕泪者，其人必不友。①"

老成的死，是韩家的不幸。然而，对韩愈来说，接踵而来的
还有另一种不幸。

———————
① 赵与时《宾退录》卷九引安子顺语。

为民谪阳山

　　韩愈为四门馆博士，说白了不过是个教书匠，完全可以坐在书斋里茶酒相伴，与三代两汉的夫子们共陶古今之乐，站在书馆里教训生徒。可他闲坐无事愁旱饥，若遇机缘更关情。这年夏秋他送一位名许仲舆的朋友去襄阳郢州任刺史，一位朋友去复州任刺史[①]。二人都是曾与韩愈有过交往的工部尚书、山南东道节度使于頔的属下，韩愈深知于頔务求聚敛，以求肥己奉上，使属地百姓苦不堪言[②]，便借他们赴任之机，论刺史难为，诉民生疾苦。

　　韩愈对崔复州说：官家派征赋税有规定数量，可农民种田收获多少却不一样。水旱疠疫等自然灾害，随时都会降临百姓头上。而县令不以实情向刺史报告，节度使又不信任刺史，于是，

---

① 郢州刺史许仲舆，字叔载。复州刺史名不详。
② 《旧唐书》卷一百五十六《于頔传》："贞元十四年（798），为襄州刺史，充山南东道节度观察。……于是公然聚敛，恣意虐杀，专以凌上威下为务。"

百姓愈穷横征愈急。由此观之：处于中间地位的刺史是很难当的。他诚恳地希望崔复州能以仁德使复州百姓休养生息^①。他对许仲舆说：当刺史"恒私"于本州百姓，不把实情报告节度使；节度使"恒急"其赋，不相信其州的民情。由此，刺史"不安其官"，节度使不能取得好的政绩，财源枯竭，聚敛不休，百姓愈穷而赋敛愈急，如果这样百姓不聚众为盗就算大幸了。我希望你们当刺史的不要偏私自己的百姓，节度使不要急敛赋税。如果这样，哪会有政不均而令不行的呢？这话讲得巧妙诙谐：虽意在忠告和讥刺于頔、许仲舆、崔复州等，这却似乎是站在他们的立场上而言其美。韩愈急，急于为民着想；韩愈更直，直在有话非说出不可，不能窝在心里。送行一般要说几句吉利话，可他偏要"以规代颂"，说："愈于使君非燕游一朝之好也，故其赠行，不以颂而以规。^②"这思想与他到监察御史任上的《御史台上论天旱人饥状》正一脉相承。

韩愈被罢四门博士的具体原因、时间史无记载。按情事推断，当为任职期满，时在贞元十九年（803）春夏。秋冬，由御史

---

① 见《韩昌黎全集》卷二十《赠崔复州序》。
② 《韩昌黎全集》卷十九《送许郢州序》。

中丞李汶①推荐，韩愈任正八品下的御史台属官监察御史，品阶不高，职任重要，能参议朝政。

《岳阳楼别窦司直》里说："公卿采虚名，擢拜识天仗。"即指此事。韩愈早就想得充谏诤官，上言陈尧舜，下言引龙夔，刳肝为纸，沥血书辞，为朝廷献计进策。

他未就监察御史任前，就深知今年关中大旱，官府暴敛给百姓带来的灾难；在他入御史台后，更体恤民情。如他在《顺宗实录》卷一里所说：

> ……是时，春夏旱，京畿乏食。实一不以介意，方务聚敛征求，以给进奉。每奏对，辄曰："今年虽旱，而谷甚好。"由是租税皆不免，人穷至坏屋卖瓦木贷麦苗以应官。优人成辅端为谣嘲之，实闻之，奏辅端诽谤朝政，杖杀之。……

为此，由他起草，张署、李方叔联名，向皇帝呈递了为民请

---

① 李汶：两唐书无传，事迹见柳宗元《祭李中丞文》，云："丞我御史，执其宪矩，纠慝之志，直清是举，慎择寮吏，必薪之楚。"陈景云《韩集点勘·岳阳楼诗》注："唐制：三院御史有缺，悉由御史大夫及中丞荐授。贞元之季，御史台久不除大夫，皆中丞专其事。公之入台时，李汶为中丞，盖由汶荐也。时同官中名最著者，如柳宗元、刘禹锡、李程、张署等，俱汶所荐。"《新唐书·王播传》：贞元中，擢进士第，"补盩厔尉。以善治狱，御史中丞李汶荐为监察御史。"韩愈《祭河南张员外文》："贞元十九，君（署）为御史；余以无能，同诏并跱。"

命的《御史台上论天旱人饥状》。此状既表现了韩愈的见识，也表现了他的骨气，真切感人：

> 右臣伏以今年已来，京畿诸县夏逢亢旱，秋又早霜，田种所收，十不存一。陛下恩逾慈母，仁过春阳，租赋之间，例皆蠲免。所征至少，所放至多；上恩虽弘，下困犹甚。至闻有弃子逐妻以求口食，坼屋伐树以纳税钱，寒馁道途，毙踣沟壑。有者皆已输纳，无者徒被追征。臣愚以为此皆群臣之所未言，陛下之所未知者也！

> 臣窃见陛下怜念黎元，同于赤子；至或犯法当戮，犹且宽而宥之，况此无辜之人，岂有知而不救？又京师者，四方之腹心，国家之根本，其百姓实宜倍加忧恤。今瑞雪频降，来年必丰，急之则得少而人伤，缓之则事存而利远。伏乞特敕京兆府：应今年税钱及草粟等在百姓腹内征未得者，并且停征；容至来年蚕麦，庶得少有存立。

> 臣至陋至愚，无所知识；受恩思效，有见辄言。无任恳款，惭惧之至，谨录奏闻。谨奏。

此状正陈述了德宗专意聚敛，一些权臣与藩镇皆以聚敛进奉求媚、得到宠信与升迁的事实。有人说此状曲折委婉，不会引起当政反感。其实，这简短的文章，正用明白流畅的语言，把要讲的话讲了出来，虽非锋芒毕露，却也道出了社会问题的症结。韩愈之所以被后人尊为圣贤，重要之点在于他虽身为龊龊士，却能"报国心皎洁，念时涕汍澜"，近怀灾区百姓危难，远负报国之心。正如《韩诗臆说》称道的："'愿辱太守荐，得充谏诤官'，是公之素愿。后公为御史，即上《天旱人饥疏》，其志事已定于此，可知古人立言，皆发于中诚，非仅学为口头伎俩也。"①而事情并不遂人愿，虽然为国为民，却落得被贬阳山的下场。张署"与同辈韩愈、李方叔，三人俱为县令南方。"②"我落阳山，以尹鼯猱；君飘临武，山林之牢。岁弊寒凶，雪虐风饕；颠于马下，我泗君咷。"③十二月，三人在冰封雪飘的天气里离开了长安。临武属郴州，阳山属连州，南北相邻，故韩愈与张署同行至郴州南的义章才分手。当时对"罪臣"是颇残忍的，逼使他们离京的惨状，正如韩愈《赴江陵途中寄赠王二十补阙李十一拾遗李二十六员外翰林三学士》诗里所说："中使临门遣，顷刻不得留。病妹卧床褥，分知隔明幽。悲啼乞就别，百请不颔头。弱妻抱稚子，出拜忘惭羞。僶俛不回顾，

---

① 《韩诗臆说》卷一《龊龊》评语，商务印书馆1934年版。此书原署名"程学恂著"，近年来已有多位学者指出此书实为程学恂辑录李宪乔韩诗批语所成，并非程学恂原著。因李宪乔批点本流传不广，较难得见，故本书引用时仍以程学恂《韩诗臆说》为底本，以便读者参考。
② 《韩昌黎全集》卷三十《河南令张君墓志铭》。
③ 《韩昌黎全集》卷二十二《祭河南张员外文》。

行行诣连州。朝为青云士，暮作白首囚。商山季冬月，冰冻绝行辀。"

元和元年（806），韩愈被召回京时写的《南山诗》，回忆他被谪赴阳山过蓝田山的苦不堪言，极为真实：

> ……前年遭谴谪，探历得邂逅。初从蓝田入，顾盼劳颈脰。时天晦大雪，泪目苦矒瞀。峻途拖长冰，直上若悬溜。褰衣步推马，颠蹶退且复。苍黄忘遐眰，所瞩才左右。杉篁咤蒲苏，杲耀攒介胄。专心忆平道，脱险逾避臭。……

别的不必细说，这上山坡还得推着马，进进退退；下山坡拉着马尾巴，跌跌撞撞的百里山路就够人受的。

关于韩愈谪阳山的原因历来有争论，至今不休。一曰：论宫市之弊，为权臣所恶，权臣乃杜佑也。宫市之弊，韩愈《顺宗实录》述之甚详，当是实事。说韩愈因上疏论宫市遭贬并未举出实据，今存《韩集》不见此疏。李翱《韩公行状》、皇甫湜《韩文公神道碑》皆谓论天旱人饥、为幸臣所恶贬阳山的，一字未提及宫市事。韩愈《赴江陵……寄三学士》诗"或自疑上疏，上疏岂其由"早给否定了。宫市弊在国家，害及百姓，利在宦官，是人所共知，朝野众议的题目，如白居易《卖炭翁》所说。权臣们虽不愿得罪宦官，亦不会加害韩愈，因为这未触及他们的利益，况有识见的大臣亦欲除宦官，如杜佑等怎会以此加害韩愈呢？二曰：韩愈出言过激，柳、刘泄密，为韦执谊、王伾、王叔文忌恨，谗于上而遭贬。持此论的过硬依据是韩愈《赴江陵……寄三学士》诗：“同官尽才俊，偏善柳与刘。或虑语言泄，传之落冤仇。二子不宜尔，将疑断还不。”先疑后否。似有道理，却未仔细读此前的“是年京师旱，田亩少所收……适会除御史，诚当得言秋，拜疏移阁门，为忠宁自谋？上陈人疾苦，无令绝其喉。下言畿甸内，根本理宜优。积雪验丰熟，幸宽待蚕莘。天子恻然感，司空叹绸缪。谓言即施设，乃反迁炎州”，连疑惑的意思也没有。况且，他日后也解除了对柳、刘的怀疑，为柳撰二《碑》一《志》一《信》一《祭文》；并于危难中接受了柳宗元的临终托孤。就当时的形势看，贞元十九年十二月掌权宰相是杜佑、高郢、郑珣瑜，二王尚在东宫，韦只是吏部郎中。何况，叔文还劝太子不宜向皇上言外事，只问安、奉饮食而已，以免专权多疑的德宗怀疑太子收人心。此又非也。三曰：为以上两事。分则无有，合则何谓？四曰：论天旱人饥，遭权幸嫉恨。如《御史台上论天旱人饥状》指责京兆府苛剥追征赋税，批评群臣未言其非，皇上未知。三者谁不嫉恨？故而遭贬。因上状遭贬的还有同在状上署名的张署、李方叔。如韩愈南贬途中《答张十一功曹》“未报恩波知死所，莫令炎瘴送生涯”，张署原诗《赠韩退之》“白简趋朝曾并命，苍梧左宦一联翩”，都指他们同官同贬。尤其是韩愈《祭河南张员外（署）文》所说：“彼婉娈者，实惮吾曹。侧肩帖耳，有舌如刀。我落阳山，以尹鼯猱；君飘临武，山林之牢。"《河南令张君墓志铭》："自京兆武功尉拜监察御史；为幸臣所谗，与同辈韩愈、李方叔，三人俱为县令南方。"这才是当事人自谓的硬证。若是因宫市，或柳、刘谗害，哪能三人同贬呢？

贤哉阳山令

　　韩愈自贞元十九年十二月冒着风雪离长安，先到连州治所桂阳报到注册，然后乘船顺湟水东南赴阳山，到阳山时已是春暖花开的下年二月半了。两地相距百七十里，山高谷深，水势湍急。如过贞女峡时，韩愈有《贞女峡》诗云：

　　　　江盘峡束春湍豪，雷风战斗鱼龙逃。悬流轰轰射水府，一泻百里翻云涛。漂船摆石万瓦裂，咫尺性命轻鸿毛。①

　　多险呀！盘旋曲折的江水，蓝天一线的峭壁高峡，风雷激电的急流水声，洞喷直下的瀑布，一泻千里的水势，水击峭石掀起的云涛，船过漩流险滩的生死险境，刹那间就会船碎人亡的情景，皆在韩愈的亲历与感受之中。

_____

① 《韩昌黎全集》卷三。贞女峡在桂阳县东南10里，山下立石如女，故名。见《元和郡县图志》卷二十九。

向前再行百里就到了美丽的同冠峡，韩愈宿此得诗二首，《同冠峡》云：

> 南方二月半，春物亦已少。维舟山水间，晨坐听
> 百鸟。……

这里山水景色怡人，大不同于贞女峡那样的惊险。在"落英千尺堕，游丝百丈飘。泄乳交岩脉，悬流揭浪摽"的胜境，他竟陶醉得"无心思岭北[①]"了，如果在贞女峡吓得他不敢细看，只重感受的话，在这里却是仔细观察，一一品味。

阳山县唐时属连州，东邻韶州，西邻贺州，南接广州，北是连州治所桂阳；今属广东清远，县名仍旧。阳山虽是一个偏僻小县，然山水清秀；生活虽然穷苦，然百姓重义尚情，对人友好，故韩愈在阳山期间与当地官吏、百姓结下了深厚友情。后来，韩愈在《送区册序》里回忆他初到阳山情况时说：

> 阳山，天下之穷处也。陆有丘陵之险，虎豹之虞；
> 江流悍急，横波之石廉利侔剑戟，舟上下失势，破碎沦
> 溺者往往有之。县郭无居民，官无丞尉，夹江荒茅篁竹
> 之间，小吏十余家，皆鸟言夷面。始至，言语不通，画
> 地为字，然后可告以出租赋、奉期约。是以宾客游从之

---

① 《韩昌黎全集》卷九《次同冠峡》。

士无所为而至。……

此地确实够偏僻穷困的了。可是，韩愈并不因为生活穷困、百姓落后，自己是罪臣迁客就无所事事。而是团结当地小吏，到百姓那里了解情况，认真为当地百姓办了几件实事。一是整顿县政机构，开展正常政务工作。二是教民耕织，开荒植树，发展生产，改善群众生活。三是整顿恢复教育，宣传礼教。四是抑制豪强，保护百姓利益，也让他们懂得按制度出租赋、奉期约。经过半年左右的治理，阳山就成为了一个生活秩序正常、百姓生活安定、户口不断增加、不那么凄楚的穷乡僻壤了。作为教育家的韩愈在阳山又团结教育了一批知识青年。他们之中除区册、刘师命、窦存亮、区弘等远道来投的常客和短期来游的域外人士，也不乏当地有识之士与百姓。

韩愈也亲身参与百姓的渔业劳作，从"我为罗列陈前修，芟蒿斩蓬利锄耰"①看，他率领百姓垦荒种田，从事农耕活动。从《叉鱼》诗所写的情景看：

　　叉鱼春岸阔，此兴在中宵。大炬然如昼，长船缚似桥。深窥沙可数，静榜水无摇。刃下那能脱，波间或自跳。中鳞怜锦碎，当目讶珠销。迷火逃翻近，惊人去暂遥。竞多心转细，得隽语时嚣。潭罄知存寡，舷平觉

---

① 《韩昌黎全集》卷四《刘生诗》。

获饶。交头疑凑饵，骈首类同条。濡沫情虽密，登门事
已辽。……

　　这是韩愈和文友们参与阳山渔民磬潭淘鱼活动。时间之长：
白天黑夜；场面惊众：火炬如昼；声势之大：隽语嚣嚣；收获之
丰：舷平舱盈；情绪之热烈："文客惊先赋，篙工喜尽谣"。唯
有韩愈，乐以忘忧，高吟："脍成思我友，观乐忆吾僚。自可捐忧
累，何须强问鸮。^①"

　　因韩愈任阳山县令期间爱民，有惠政，百姓念念不忘他的恩
德。如李翱《韩愈行状》所云，韩愈"出守连州阳山令，政有惠
于下。及公去，百姓多以公之姓以名其子"^②。阳山又名贤令山，
当时他与诸弟子的读书台、游处的钓鱼矶、题诗《远览》的摩崖
石刻及千岩表、圣贤祠等有关韩愈胜迹保存得既多且好，让人观
之不足，流连忘返。

　　韩愈《县斋读书》诗说他出宰阳山时"诗成有共赋，酒熟
无孤斟。青竹时默钓，白云日幽寻"，都是些什么人与他同饮
共赋呢？较早来投韩愈学诗论文的是南海区册，时间约在贞元
二十年的七八月间，据韩愈《送区册序》，他到阳山半岁时，区
册来到阳山，贞元二十一年正月初一拜亲南归。他们既是师生又
是朋友，学诗作文，投竿垂钓，携手同欢，怡然自乐，关系十分

---

① 《韩昌黎全集》卷九《叉鱼》。
② 《新唐书·韩愈传》也有同样记载。

融洽。贞元二十年冬，区弘来投韩愈求学，在阳山，经郴州、江陵，回长安，一直跟随韩愈。元和元年秋冬，韩愈回长安任博士时区弘南归，有《送区弘南归》诗。宋葛立方《韵语阳秋》载："张籍《送区弘诗》云：'韩公国大贤，道德赫已闻。昨出为阳山，尔区来趋奔。韩官迁法曹，子随至荆门。韩入为博士，崎岖从羁轮。'观其游从之久，疑得于韩者深也。然考其文章议论之际，乃不得预籍、湜之列，何耶？……区受道之质，盖有所未至也……"

刘师命喜游历，性偶傥，狂放不羁。知韩愈在阳山，于贞元二十年夏，慕公名来投："弃家如遗来远游"。如韩愈所云：

> ……阳山穷邑惟猿猴，手持钓竿远相投。……天星回环数才周，文学穰穰囷仓稠，车轻御良马力优，咄哉识路行勿休，往取将相酬恩仇。①……

韩愈也有不为人拘的偶傥性格，故比较喜欢刘师命。阳山春日梨花早开，他带着酒，欲招师命同赏共饮，曰：

> 桃蹊惆怅不能过，红艳纷纷落地多。闻道郭西千树雪，欲将君去醉如何？②

---

① 《韩昌黎全集》卷四《刘生诗》。
② 《韩昌黎全集》卷九《闻梨花发赠刘师命》。

二人在城西一边欣赏那洁白的梨花，一边在花下品尝刚酿熟的春酒，好不惬意。于是韩愈诗兴大发，又有绝句：

> 洛阳城外清明节，百花寥落梨花发。今日相逢瘴海头，共惊烂漫开正月。①

公离阳山，师命才离去。

在阳山时还有一位叫窦存亮的秀才来向韩愈学文，韩愈《答窦秀才书》记其事说：

> ……（存亮）今乃乘不测之舟，入无人之地，以相从问文章为事。身勤而事左，辞重而请约，非计之得也。虽使古之君子，积道藏德，遁世而不耀，胶其口而不传者，遇足下之请恳恳，犹将倒廪倾囷，罗列而进也；若愈之愚不肖，又安敢有爱于左右哉！……

在罪黜朝廷、远宰蛮县、瘴疠侵加、愁忧惴惴的情况下，韩愈仍谆谆教导这位辞雅气锐的才俊少年。

阳山为连州属县，韩愈与时任连州司户的王仲舒又是皆遭贬黜的老朋友，来往颇多。一日仲舒约浮屠景常、元慧同游连山，

---

① 《韩昌黎全集》卷九《梨花下赠刘师命》。

登高而望，发现一处令人惊异的山水胜景。"斩茅而嘉树列，发石而清泉激"，高者"突然成丘"，低者"呀然成谷""洼者为池""缺者为洞"。从此，三人晨往游而暮不欲归，为避风雨寒暑，仲舒出资在那里修了一座亭屋，邀韩同游后，拟名作记，遂有《燕喜亭记》这篇山水佳制记其景物：

> ……其丘曰"俟德之丘"，蔽于古而显于今，有俟之道也；其石谷曰"谦受之谷"，瀑曰"振鹭之瀑"，谷言德，瀑言容也；其土谷曰"黄金之谷"，瀑曰"秩秩之瀑"，谷言容，瀑言德也；洞曰"寒居之洞"，志其入时也；池曰"君子之池"，虚以钟其美，盈以出其恶也；泉之源曰"天泽之泉"，出高而施下也；合而名之以屋曰"燕喜之亭"，取《诗》所谓"鲁侯燕喜"者颂也。……

亭修成后，州人大悦，都说："吾州之山水名天下，然而无与'燕喜'者比。"

阳山又与郴州相邻，韩愈与郴州刺史李伯康也是好友，他多得伯康关顾，即"俟新命于衡阳，费薪刍于馆候①"。郴州出好笔②，伯康知韩愈爱写诗作文，就送他郴州特产的纸笔。文人对文房四宝，尤其珍爱，何况又是急需，所以，他感激中写了《李员

---

① 《韩昌黎全集》卷二十二《祭郴州李使君文》。
② 《柳宗元集》卷四十二《杨尚书寄郴笔知是小生本样令更商榷使尽其功辄献长句》"桂阳卿月光辉遍，毫末应传顾兔灵"即咏郴州兔毫之笔。

外寄纸笔》诗：

> 题是临池后，分从起草余。兔尖针莫并，茧净雪难
> 如。莫怪殷勤谢，虞卿正著书。

不仅表现了他激动的情绪，还揭示了一件有意义的事，即韩愈在政余还著书。下年他写的《上兵部李侍郎书》里说："谨献旧文一卷，扶树教道，有所明白；南行诗一卷，舒忧娱悲，杂以瑰怪之言，时俗之好，所以讽于口而听于耳也。"这文、诗应是他贬阳山的著述与唱和。这一卷扶树教道的文就是"五原"：《原道》《原性》《原毁》《原人》《原鬼》。投我以桃，报之以李。韩愈为表感激，就把刚成熟的黄柑送给伯康尝鲜。两年后伯康卒，公为伯康写的祭文中还不忘此事，说：

> ……辱问讯之绸缪，恒饱饥而愈疲。接雄词于章
> 句，窥逸迹于篆籀。苞黄甘而致贻，获纸笔之双贸。投
> 《叉鱼》之短韵，愧韬瑕而举秀。……

遇赦归江陵

　　贞元二十一年正月二十三日，德宗李适死，二十六日，太子李诵带着难以理政的风疾，即位太极殿，是为顺宗。二月二十四日，在朝臣的一再请求下，顺宗驾御丹凤楼受百官朝贺，大赦天下。以阳山离长安将近四千里的行程推断，韩愈接赦书得到三、四月间；离阳山北归，应是盛夏。顺宗即位，韦执谊、王伾、王叔文主持朝政，刘禹锡、柳宗元等参与机务。除通例大赦，贬权奸李实，召回几位老臣外，还改革弊政：罢进奉钱、罢宫市、罢五坊小儿、释放宫女及女乐，给中唐政治增添了新气象①。但是，皇朝内部各派势力的矛盾斗争十分复杂。韩愈等一些下级官员，虽未参与"永贞革新"，却不能不随着复杂的政治斗争而浮沉。这场政治斗争也对中唐文坛起到了举足轻重的作用，令人惊喜悲叹。喜的是：韩愈举荐的刘述古、韦珩登进士第，他的好友刘禹锡、柳宗元在长期被贬中成为一代文学巨匠，这是中国文化史的大幸。但悲的是他们半生遭难，都过着悲苦的生活，特别是柳宗

---

① 详见《韩昌黎全集》外集卷六至卷十《顺宗实录》。

元正当有为年华的四十七岁，于元和十四年，死在贬所柳州，留下孤儿寡母，不得不托孤于韩愈、刘禹锡、崔群等几位好友。而陆贽之死，不仅使王朝失去了一位名臣，也使文坛陨落了一颗巨星，韩愈失去了一位可敬的师友。

韩愈北归，由湟水乘船向东南，到溱水换船向北，经故地韶州，越岭奔郴州。由阳山开船，不足一日之程到龙宫滩。因极度兴奋，虽宿难眠，"如何连晓语，一半是思乡[1]"。韩愈与张署虽遇赦而无具体任命，又不让回长安，只好按指示在郴州待命。其在郴州除受郴州刺史李伯康的诚挚款待，就是与朋友交往、唱和。不幸的是，韩愈患了一场颇有时日的疟疾，受尽了疾病的折磨。他的诗《谴疟鬼》，不仅记叙了他被疟鬼折磨的情形、他与疾病的斗争，还对"疟鬼"进行了嘲讥："如何不肖子，尚奋疟鬼威？乘秋作寒热，翁妪所骂讥。[2]"七八月朝中政治形势骤变：李诵皇帝因"积疾未复"，"怡神保和"，许以"军国政事，宜令皇太子勾当"[3]。袁滋、杜黄裳拜相主持朝政。八月四日，李诵下诏禅位，五日改元永贞。六日贬王伾为开州司马，不久病死任所；王叔文为渝州司户，明年赐死。九日，李纯即位宣政殿，庙号宪宗。大赦：自贞元二十一年八月五日以前，天下死罪降从流，流以下递减一等。十五日郑馀庆同中书门下平章事。九月十三日，贬柳宗元为邵州刺史，刘禹锡为连州刺史。未到任，十月，再贬

---

① 《韩昌黎全集》卷九《宿龙宫滩》。
② 《韩昌黎全集》卷七《谴疟鬼》。
③ 《旧唐书》卷十四《顺宗纪》。

柳宗元为永州司马，刘禹锡为朗州司马，韦执谊为崖州司马，韩泰为虔州司马，陈谏为台州司马，韩晔为饶州司马，凌准为连州司马，程异为郴州司马，史称"八司马"。

　　韩愈在二次大赦后接到任江陵府法曹参军的诏书，写了一首《八月十五夜赠张功曹》诗，抒发了他与张署的喜悲心情。喜的是他们终于在"十生九死到官所，幽居默默如藏逃。下床畏蛇食畏药，海气湿蛰熏腥臊"的艰苦困顿情况下，又遇大赦："昨者州前捶大鼓，嗣皇继圣登夔皋。赦书一日行万里，罪从大辟皆除死。迁者追回流者还，涤瑕荡垢朝清班。"悲的是："州家申名使家抑，坎轲只得移荆蛮。判司卑官不堪说，未免捶楚尘埃间。同时辈流多上道，天路幽险难追攀。"①由诗题所记可知，诏书到郴州是八月十四日。大约因韩愈患疟疾，耽搁了几天，八月下旬，他与张署结伴携家眷离郴北上。《郴口又赠二首》表现了他道途喜悦的心情："回头笑向张公子，终日思归此日归。"

　　船向北行到衡州的湘水地界，鉴于张署这段时间酸楚郁闷，韩愈写下《湘中酬张十一功曹》："休垂绝徼千行泪，共泛清湘一叶舟。今日岭猿兼越鸟，可怜同听不知愁。"虽是劝慰，却含凄愁；只是韩愈胸襟开阔，反用凄猿悲鸟之意，正话

---

① 《韩昌黎全集》卷三《八月十五夜赠张功曹》。州家指郴州刺史李伯康；使家指湖南观察使杨凭。

反说，别是一种兴致。此时已是九月上旬末①。在衡州盘桓时，韩愈受到刺史邹儒立的接待游合江亭，有《题合江亭寄刺史邹君》诗，感谢他"为余扫尘阶，命乐醉众座""愿书岩上石，勿使泥尘涴"②。

韩愈虽不满意对他的安置，但毕竟与来时的心情不同，他遇景则观，观则有感，感则赋诗。衡山乃南岳，有古刹和古人遗迹，不能不畅游以抒襟怀。于是，他登衡山，谒岳庙，访禹碑，题诗言志，盘桓了几日③。江南春天来得早，秋天却去得晚，故韩愈登山谒寺这天正遇阴晦秋雨天气，幸运的是突然风扫阴云，气爽天晴，众峰峥嵘，一派山色呈现在韩愈眼前④。他到岳寺不仅借

---

① 《韩昌黎全集》卷二《题合江亭寄刺史邹君》诗云："穷秋感平分，新月怜半破。"穷秋指九月，鲍照《白纻歌》"穷秋九月荷叶黄"是也。平分，乃半月之谓。新月半破，指上弦月。《诗经·小雅·天保》："如月之恒。"孔颖达疏："弦有上下，八日九日，大率月体正半，昏而中，似弓之张而弦直，谓上弦也。"故此诗当写于八、九日。

② 邹儒立：岑仲勉《唐集质疑》："《元和姓纂》邹姓：'开元中有象先，……象先生儒立，衡州刺史。'据《唐诗纪事》二二，象先为萧颖士同年生，即开元二十三年进士，时代相当，此刺史应即儒立，邹姓著者不多，况复同为衡州刺史也。儒立，贞元四年贤良方正科及第，见《会要》七六，《江州集》四有《送云阳邹儒立少府侍奉还京师》诗，意贞元初作；十四年，官殿中侍御史，见《会要》六二；《郑准墓志》十七年立，撰人结衔曰殿中侍御史武功县令邹儒立，见《芒洛遗文续编补遗》，四五年间，自京县令擢升刺史，固常事也。"

③ 韩愈登衡山谒岳庙，有名诗《谒衡岳庙遂宿岳寺题门楼》。

④ 韩愈九月上中旬之交尚在衡州，此诗云"夜投佛寺上高阁，星月掩映云朣胧"。当是月望之后情景，而星月朣胧，即十八九日景状。

宿脯食，还在庙令老人的导引下掷珓问卜。结果得一吉卦，庙令说他将有少见的好运。韩愈却叹息自己"窜逐蛮荒幸不死，衣食才足甘长终"，说这次贬阳山幸运未死，有吃有穿，以终天年就心甘情愿了，哪里还奢望好运？所以，韩愈自谓"侯王将相望久绝，神纵欲福难为功"。①衡山也叫岣嵝山，韩愈《岣嵝山》诗所写为其南峰，他为访大禹碑曾登此山。其时山上并无此碑，苏轼《中隐堂诗》云："岣嵝何须到，韩公浪自悲。"即指韩愈诗里所谓："道人独上偶见之，我来咨嗟涕涟洏。千搜万索何处有？森森绿树猿猱悲。"

北归路上，有感于政治形势的变化，韩愈将胸中的积郁、对前程的憧憬，在《赴江陵途中寄赠王二十补阙李十一拾遗李二十六员外翰林三学士》里倾筐倒箧，和盘托出，时在由衡州至潭州途中，中间距离三百里，估计到潭州的时间约在九月底。如《潭州泊船呈诸公》诗里所说已是穷秋天寒、秋末初冬了。

到潭州后，他们受到杜侍御的接待，并由杜陪同游了湘西两寺，有《陪杜侍御游湘西两寺独宿有题一首因献杨常侍》诗。杜侍御未详，杨常侍为潭州刺史杨凭。潭州即长沙，故该诗落笔即云："长沙千里平，胜地犹在险。"岳麓山峰奇水润，古迹也多，是游览的好去处，乃衡山七十二峰之一。岳麓寺在山上，拾级百余乃至，时名麓山寺，有李邕麓山寺碑。道林寺在岳麓山下，距善化县八里。寺在南唐保大中（943—957）由马氏重建，存有沈

---

① 《韩昌黎全集》卷三《谒衡岳庙遂宿岳寺题门楼》。

传师、裴休笔札，宋之问、杜甫的篇章。治平间（1064—1067）
蒋颖叔作记，乃为诠次，以沈书、欧书、杜诗、韩诗为四绝，韩
诗当指这首独宿有感而作的诗。

十月上旬，韩愈与张署船行至洞庭湖，不幸的是"十月阴气
盛，北风无时休。苍茫洞庭岸，与子维双舟"。因无法行船，只
好在洞庭湖东南入口处的鹿角山下停船避风达七天之久。在这上
下不着镇店的茫茫水乡，缺吃少用，愁不堪言："雾雨晦争泄，
波涛怒相投。犬鸡断四听，粮绝谁与谋？相去不容步，险如碍山
丘。清谈可以饱，梦想接无由。男女喧左右，饥啼但啾啾。非怀
北归兴，何用胜羁愁？①"

好不容易熬过这场凄风苦雨，穿过浩瀚的洞庭湖到岳州，受
到老友窦庠的热情接待。窦庠在岳阳楼设宴为他们压惊接风，亲
近的劲头就如韩愈《岳阳楼别窦司直》诗里写的：

> ……主人孩童旧，握手乍忻怅。怜我窜逐归，相见
> 得无恙，开筵交履舄，烂漫倒家酿，杯行无留停，高柱送
> 清唱。中盘进橙栗，投掷倾脯酱。欢穷悲心生，婉娈不
> 能忘。……

窦庠时以武昌大理司直权知岳州，有诗酬和云："苦调常三
叹，知音愿一听。自悲由也瑟，敢坠孔悝铭。野杏初成雪，松醪

---

① 《韩昌黎全集》卷三《洞庭湖阻风赠张十一署》。

正满瓶。莫辞今日醉，长恨古人醒。①"

　　韩愈另一好友刘禹锡自九月十三日贬出京，到岳阳当为十月初。正与其相遇，曾有诗相和曰："故人南台旧，一别如弦矢。今朝会荆蛮，斗酒相宴喜。为予出新什，笑抃随伸纸。晔若观五色，欢然臻四美，……湘洲路四达，巴陵城百雉。何必颜光禄，留诗张内史。②"

　　永贞元年（805）十一月上旬，韩愈踏着"新开寒露丛"③的片片木莲到了新任官所的江陵，开始了他将近八个月的法曹参军生涯。法曹参军官卑职微，动辄受府主捶楚凌侮。府主荆南节度使裴均对韩愈、张署还好，未使他们受这般折磨。然而，这等闲职，对说出"安得长翮大翼如云生我身，乘风振奋出六合"④的韩愈来说，无疑也是一种痛苦。因此，除了与朋友交往，就只可独

──────────

① 《全唐诗》卷二百七十一《酬韩愈侍郎登岳阳楼见赠》。郎当作御。
② 瞿蜕园《刘禹锡集笺证》外集卷五《韩十八侍御见示岳阳楼别窦司直诗因令属和重以自述故足成六十二韵》笺证："其时正亦禹锡等被放南行，而愈则自岭外量移北上，惟相遇之处似不在岳阳楼，故禹锡之诗云'今朝会荆蛮''为予出新什'。所咏岳阳楼风物，似是据韩诗而虚拟之。"说二人相会不在岳阳楼，似不确。刘诗云："联袂登高楼，临轩笑相视。假守亦高卧，墨曹正垂耳。契阔话凉温，壶觞慰迁徙。"而瞿先生释曰：假守，为窦庠，时权领郡事。如是窦庠不在岳阳楼，"高卧"岂能跑到江陵？况韩诗已明说他与庠别在岳阳楼。故他们"联袂登高楼"的楼必是"湘洲路四达，巴陵城百雉"的岳阳。况韩愈与刘禹锡相遇在十月，不可能在韩愈到江陵的十一月。
③ 《韩昌黎全集》卷九《木芙蓉》。
④ 《韩昌黎全集》卷三《忽忽》。

游自酌了:"力携一樽独就醉""且可勤买抛青春"①。

　　韩愈一贯亲近文学青年,奖掖后进。他由郴州北上江陵,除区弘等跟随,还有秀才陈彤、孟琯随行学文。到江陵后为鼓励他们进京应考,各赠一序。其说陈彤,谦和有礼,其学、其文,皆出群拔类。孟琯年甚少,礼甚度,勤其文,尽其书,无有不能,为成就其志,韩愈鼓励他进京竞艺,在元和五年中进士。不仅对青年,对同辈,对长者,韩愈也热心帮助,以期倡导他的古文主张,光大他的诗学理论。是年冬,他曾应湖南、江陵两府从事之请,为杨凭、裴均等唱和诗写了《荆潭唱和诗序》,云:"今仆射裴公开镇蛮荆,统郡惟九;常侍杨公领湖之南,壤地二千里:德刑之政并勤,爵禄之报两崇。乃能存志乎诗书,寓辞乎咏歌,往复循环,有唱斯和,搜奇抉怪,雕镂文字,……两府之从事与部属之吏属而和之,苟在编者,咸可观也,宜乎施之乐章,纪诸册书。从事曰:子之言是也。告于公,书以为《荆潭唱和诗序》。"其发表了著名的"穷而后工"的精辟见解:"夫和平之音淡薄,而愁思之声要妙;欢愉之辞难工,而穷苦之言易好也。是故文章之作,恒发于羁旅草野;至若王公贵人气满志得,非性能而好之,则不暇以为。②"

---

① 上句出《韩昌黎全集》卷三《李花赠张十一署》,下句出同卷《感春四首》。"抛青春"是酒名。
② 《韩昌黎全集》卷二十。关于"穷而后工"说,请参阅张清华《韩学研究》上册《韩愈的文论》。

元和元年（806）岁首，继上年岁暮大雪之后又下了一场春雪。韩愈好作咏雪诗，今春第一首诗即写春雪，名曰《春雪间早梅》。早梅斗雪，飞花迎春，"愿得长辉映，轻微敢自珍"。以梅雪辉映作比以献，希望得到裴尚书关照。与去岁之暮写的《喜雪献裴尚书》诗"已分年华晚，犹怜曙色随"正合，时公还有《春雪》(看雪乘清旦)、《春雪》(片片驱鸿急)、《早春雪中闻莺》等。从诗里所写"看雪乘清旦""著柳送长条""朝莺雪里新，雪树眼前春"看，当是春日喜雪。自去岁腊月至今年早春，雪水颇丰，预示年有好景，人有好运。

正当二月，江陵花满枝头的大好春天，好友张署却重病难起，韩愈只好于幕府的无聊生活里，独自去打发这如花似锦的春光了。他住的北郭靠近金鸾寺，空旷的古寺里有两株杏树，杏花绽开，红白相间，清新怡人，领略有感，遂成《杏花》这首真切动人的好诗。一想起京城，韩愈就有发不尽的怨气，故云：

> ……岂如此树一来玩，若在京国情何穷？今旦胡为
> 忽惆怅？万片飘泊随西东。明年更发应更好，道人莫忘
> 邻家翁。

写花不用飘落而用飘泊，意在借花写人；两株杏花尚能白红放彩，我韩愈却无人过问，不能施展自己的才华，惨哉！惜哉！只好以古寺为邻，乞望道人莫忘这位邻家翁了。

李花纯白洁净，二月底，韩愈城西赏李，殊有美感，写了一首《李花赠张十一署》诗赠病中的张署，告诉他："江陵城西二月尾，花不见桃惟见李。风揉雨练雪羞比，波涛翻空杳无涘。君知此处花何似？白花倒烛天夜明，群鸡惊鸣官吏起。"贬谪怨气、卑官郁闷于赏花同时倾泄出来；洁白如李花一样品格的韩愈，怎么会落得像这大片的花一般无人赏识呢？故自叹："自从流落忧感集，欲去未到先思回。只今四十已如此，后日更老谁论哉！"他不肯也"不忍虚掷委黄埃"，只能"力携一樽独就醉"了。张署因病难起，只好在枕上写《寒食日出游夜归张十一院长见示病中忆花九篇因以投赠》诗赠韩愈，恰在此时又得知张署被辟为容管署吏的消息，使韩愈虽喜犹悲，不愿独留，不欲好友独去："饮酒宁嫌盏底深，题诗尚倚笔锋劲。"希望能和好友"明宵故欲相就醉，有月莫愁当火令"[1]。

夏日，江陵燥热，让人透不过气来。老友孔戣就说："退之丰肥善睡，每来吾家，必命枕簟。[2]"

事情也巧得很，韩愈一位老友郑群也在江陵任兵曹，得到一领蕲州特产簟席，知韩愈怕热便送给他乘凉。韩得此席别提多高兴，写了《郑群赠簟》盛称席之佳："携来当昼不得卧，一府传看

---

[1] 《韩昌黎全集》卷三《寒食日出游夜归张十一院长见示病中忆花九篇因以投赠》。

[2] 魏仲举《五百家注韩昌黎集》卷四《郑群赠簟》注引樊汝霖《韩昌黎年谱注》引孔戣《私记》。戣，孔子第38代孙，字君严，官终尚书左丞。事见《新唐书·孔戣传》、韩愈《正议大夫尚书左丞孔公墓志铭》。

黄琉璃。体坚色净又藏节，满眼凝滑无瑕疵。"感激友情至深：
"法曹贫贱众所易，腰腹空大何能为？自从五月困暑湿，如坐深
甑遭蒸炊。手磨袖拂心语口，曼肤多汗真相宜。日暮归来独惆
怅，有卖直欲倾家资。谁谓故人知我意？卷送八尺含风漪。呼奴
扫地铺未了，光彩照耀惊童儿。青蝇侧翅蚤虱避，肃肃疑有清飙
吹。倒身甘寝百疾愈，却愿天日恒炎曦。"席好、情好、诗也
好。韩愈和郑群是老友，郑群又年长于他，所以，他《赠郑兵
曹》诗里说："樽酒相逢十载前，君为壮夫我少年。樽酒相逢十载
后，我为壮夫君白首。"然而，两人皆困于此鄙地微职，感慨良
多，故云"杯行到君莫停手，破除万事无过酒"。

六月上旬，韩愈接到召回长安任正五品上阶的国子学博
士的诏书，这也是他由江陵出发回京的时间。于頔曾把他写的
《文武顺圣乐辞》《天保乐诗》《读蔡琰胡笳辞诗》《移族从》
《与京兆书》给韩愈看，韩愈从元和元年六月八日由江陵出发，
至十二日，途次阅之，至邓州界给于頔写了《至邓州北寄上襄阳
于頔相公书》，讲他不知鞍马之累、道路之远，"手披目视，口
咏其言，心惟其义"，写了对于頔诗文的看法，发表了精辟的
文论：

> ……文章言语与事相侔，惮赫若雷霆，浩汗若河
> 汉，正声谐《韶》《濩》，劲气沮金石，丰而不余一言，
> 约而不失一辞，其事信，其理切。孔子曰："有德者必
> 有言。"……

作为对于頔诗文的评价，颇觉过谀；作为文论，当为韩愈借题发表自己对文学的精辟见解。

以五日行程五百里计，韩愈到长安当在六月中下旬。回京后便开始了他国子学博士的生活。

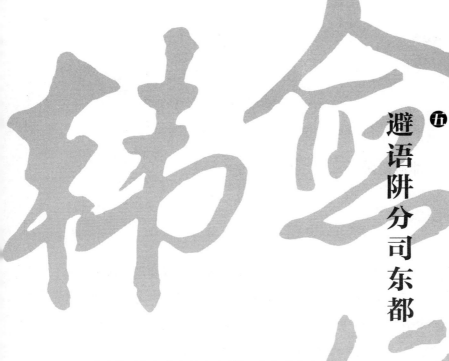

避语阱分司东都 五

　　孟子称"人之患在好为人师"，由魏晋氏以下，人益不事师。今之世，不闻有师，有辄哗笑之，以为狂人。独韩愈奋不顾流俗，犯笑侮，收召后学，作《师说》，因抗颜而为师。世果群怪聚骂，指目牵引，而增与为言辞。愈以是得狂名，居长安，炊不暇熟，又挈挈而东，如是者数矣。

　　——柳宗元《柳河东集》卷三十四《答韦中立论师道书》

东都避语阱

　　元和元年六月中旬，韩愈回到长安就任权知国子博士，至他分司东都任国子博士、都官员外郎、河南令的六年中，当是他"少小尚奇伟，平生足悲咤""事业窥皋稷，文章蔑曹谢"的奇伟之志①、悲咤之情行诸诗而驰骋发挥时期。事也真巧，这时孟郊、张籍、张彻、崔群、崔立之都在长安，还有与他一同南归的张署、区弘。韩、张回长安不久，即由京兆府司录参军张署做东，邀请韩愈、孟郊、张籍、张彻等，举行了一次虽非盛大，却很尽兴的酒会，各人皆乘兴赋诗，由张彻书写。诸公诗不但写得好，而且都体现了各自的风格，正如韩愈《醉赠张秘书（署）》说张署"君诗多态度，蔼蔼春空云"，说孟郊"东野动惊俗，天葩吐奇芬"，说"张籍学古淡，轩鹤避鸡群"，说张彻"阿买不识

---

① 《韩昌黎全集》卷二《县斋有怀》。

字，颇知书八分，诗成使之写，亦足张吾军"①。韩愈讲，方今正是圣主当朝的时候，可以开怀畅饮，尽情赋诗。至于诸君那种高兴劲儿，正可见其自书其态："人皆劝我酒，我若耳不闻。今日到君家，呼酒持劝君。"说平时，别人劝他酒，他理都不理；今天一反常态，反频劝主人吃酒。值得重视的是韩愈还发表了论诗的高见："险语破鬼胆，高词媲皇坟。至宝不雕琢，神功谢锄耘。"

如果说韩愈、孟郊、张籍、张彻到张署家相聚是一次酒会，《会合联句》中所写则是韩愈、孟郊、张籍、张彻四人夏日良宵的聚游。树荫下抚琴，月光里品茗，联句吟诗，追昔抚今。如张籍所说"离别言无期，会合意弥重"，是在"归软舞新宠""酒食接新奉"时，表现了他们志荡邛陇的胸怀，涌泉般的诗思，奇崛孤纵的诗风及倜傥不群的性格。如诗云"剑心知未死，诗思犹孤耸。愁去剧箭飞，欢来若泉涌""我志荡邛陇"，你唱我和，攀高造峰，雄奇激越，如大河奔泻，不见涯涘。

韩、孟皆喜古奥奇崛，诗艺高下相当，虽魄力有差，斗起诗来，旗鼓相当。从韩愈回长安后的六月下旬至十一月下旬，韩愈、李翱荐郊于郑馀庆，辟为河南府水陆运从事止，二人留下了《会合联句》《纳凉联句》《同宿联句》《雨中寄孟刑部几道联句》

----

① 阿买，一说是韩愈的子侄辈；一说是张彻小名。张彻是张籍从族弟，韩愈侄婿。韩有《答张彻》诗，《会合联句》亦有张彻诗句。彻不长于诗而能书；韩句有"诗书夸旧知"，诗当指《醉赠张秘书》里盛赞的张署、孟郊、张籍；书指阿买的八分。时张彻在长安为旧知，又同联唱；况未发现愈有能书子侄。

《秋雨联句》《城南联句》《斗鸡联句》《有所思联句》《遣兴联句》《赠剑客李园联句》等，篇幅之长，数量之多，内容之丰，乃二人一生仅见，中国诗史之最，也是这时期他们奇崛瑰怪诗风的代表。

我们无意去评论韩孟联句诗，而是想通过这些联句略叙他们这段特殊的生活，了解他们的诗风和性格，以及韩愈久谪而归任京官后的情绪。为使韩愈的形象在读者心里活起来，我们不妨同他一道游游终南山，读读他写的《南山诗》：

吾闻京城南，兹维群山围。

东西两际海，巨细难悉究。

山经及地志，茫昧非受授。

团辞试提挈，挂一念万漏。

欲休谅不能，粗叙所经觏。

尝升崇丘望，戢戢见相凑。

晴明出棱角，缕脉碎分绣。

蒸岚相颏洞，表里忽通透。

无风自飘簸，融液煎柔茂。

横云时平凝，点点露数岫。

天空浮修眉，浓绿画新就。

孤撑有巉绝，海浴褰鹏噣。

春阳潜沮洳，濯濯吐深秀。

岩峦虽嵂崒，软弱类含酎。

夏炎百木盛，荫郁增埋覆。

神灵日歅歔，云气争结构。

秋霜喜刻轹，磈卓立癯瘦。

参差相叠重，刚耿陵宇宙。

冬行虽幽墨，冰雪工琢镂。

新曦照危峨，亿丈恒高裒。

明昏无停态，顷刻异状候。

西南雄太白，突起莫间蓲。

藩都配德运，分宅占丁戊。

逍遥越坤位，诋讦陷乾窦。

空虚寒兢兢，风气较搜漱。

朱维方烧日，阴霰纵腾糅。

昆明大池北，去觌偶晴昼。

绵联穷俯视，倒侧困清沤。

微澜动水面，踊跃躁猱狖。

惊呼惜破碎，仰喜呀不仆。

前寻径杜墅，坌蔽毕原陋。

崎岖上轩昂，始得观览富。

行行将遂穷，岭陆烦互走。

勃然思坼裂，拥掩难恕宥。

巨灵与夸蛾，远贾期必售。

还疑造物意，固护蓄精祐。

力虽能排斡，雷电怯呵诟。

攀缘脱手足，蹭蹬抵积瞀。

茫如试矫首，堛塞生怐愗。

威容丧萧爽，近新迷远旧。

拘官计日月，欲进不可又。

因缘窥其湫，凝湛闷阴兽。

鱼虾可俯掇，神物安敢寇。

林柯有脱叶，欲堕鸟惊救。

争衔弯环飞，投弃急哺毂。

旋归道回睨，达枿壮复奏。

吁嗟信奇怪，峙质能化贸。

前年遭谴谪，探历得邂逅。

初从蓝田入，顾眄劳颈脰。

时天晦大雪，泪目苦矇瞀。

峻途拖长冰，直上若悬溜。

褰衣步推马，颠蹶退且复。

苍黄忘遐睐，所瞩才左右。

杉篁咤蒲苏，杲耀攒介胄。

专心忆平道，脱险逾避臭。

　　终南山西起秦陇，东彻蓝田，是横亘长安城南、绵延八百里的一座名山。这样一座大山确实需要力挽狂澜的大手笔来彩绘，韩愈力胜此任。他多次游历此山，领略了终南山的四季变化，特别是他贞元十九年夏、秋祈雨湫祠，十二月被谪南迁，踏冰冒

雪，经蓝田爬山过关和这次回京后再次畅游终南山，给他的印象
犹深。他由长安出发，远眺终南，先叹赏南山广大丰衰，想团辞
题写，因怕挂一漏万，欲罢难休，不能不写。登上高丘再看，已
见峰峰错出，山岚耸翠，云横霞蔚，浓绿淡彩，巉岩峭壁，棱角
清明，缕脉分绣。然后，根据多次游终南山的体验，分写终南山
春、夏、秋、冬的神奇变化。他走到风景秀丽、场景开阔的昆明
池，看见池中山的倒影，风吹水波，山影晃动，以为高山要倾倒
似的，把韩愈吓了一跳：仰头看山，啊呀！山没有倒塌。路经杜
墅，过毕原进山细瞧，只见崎岖的山径、耸立的岩壁、跳跃的猱
狁。山岭平谷，一会静幽无声，一会又忽听雷电鸣呵，使正在攀
缘山崖的韩愈为之一惊，掉了下来，使他翘首生愁，威容萧爽。
又因官署假日有限，想再继续爬山看景，可又怕耽误了公务，不
得不就此罢游。因此，才有机会顺路游览炭谷湫。

　　韩愈此次畅游终南山不是贞元十九年的夏秋与冬谪阳山那两
次，而是今年回长安后再游：

　　　　　　昨来逢清霁，宿愿忻始副。

　　　　　　峥嵘跻冢顶，倏闪杂鼯鼬。

　　　　　　前低划开阔，烂漫堆众皱。

　　　　　　或连若相从；或蹙若相斗；

　　　　　　或妥若弭伏；或竦若惊雊；

　　　　　　或散若瓦解；或赴若辐辏；

　　　　　　或翩若船游；或决若马骤；

或背若相恶；或向若相佑；

或乱若抽笋；或嵘若注灸；

或错若绘画；或缭若篆籀；

或罗若星离；或蓊若云逗；

或浮若波涛；或碎若锄耨；

或如贲育伦，赌胜勇前购；

先强势已出，后钝嗔诟譳；

或如帝王尊，丛集朝贱幼，

虽亲不衮狎，虽远不悖谬；

或如临食案，肴核纷饤饾；

又如游九原，坟墓包椁柩；

或累若盆罂；或揭若登豆；

或覆若曝鳖；或颒若寝兽；

或蜿若藏龙；或翼若搏鹫；

或齐若友朋；或随若先后；

或迸若流落；或顾若宿留；

或戾若仇雠；或密若婚媾；

或俨若峨冠；或翻若舞袖；

或屹若战阵；或围若蒐狩；

或靡然东注；或偃然北首；

或如火熹焰；或若气饙馏；

或行而不辍；或遗而不收；

或斜而不倚；或弛而不彀；

或赤若秃鬝；或熏若柴樞；

或如龟坼兆；或若卦分繇；

或前横若剥；或后断若姤；

延延离又属，夬夬叛还遘；

喁喁鱼阁萍，落落月经宿；

闟闟树墙垣，巘巘架库厩；

参参削剑戟，焕焕衔莹琇；

敷敷花披葿，鬧鬧屋摧霤；

悠悠舒而安，兀兀狂以狃；

超超出犹奔，蠢蠢骇不懋。

大哉立天地，经纪肖营腠。

韩愈回京任国子博士后，又一次获得施展抱负的机会，心情是舒畅的，才有畅游的兴致；也只有淋漓尽致地写这样一座博大雄奇的名山，才能抒发他广阔的胸怀。于是他在天朗气清的日子里畅游细览，用五十一个"或"字领起的排句，十四个双声叠字句，以排山倒海的气势，狂放不羁的诗情，来彩绘、雕塑这座既名且灵的关中镇京之山。《南山诗》所描绘终南山"东西两际海""大哉立天地"的雄伟形象，气势博大，灵异神采，难道不正是韩愈形象的自我写照、气势的自我表现、神采的自我流露吗？韩愈《南山诗》写山，也写人，山人相适，达到了物我同一的境界。这就是元和初年的韩愈，要认识壮岁勇夫的韩愈，读读这时期他与孟郊等人的联句、《南山诗》和《醉赠张秘书》，脑海里就会立刻浮现出一位活生生的韩愈形象。

这年秋冬，韩愈还和时在京任右补阙的崔群同游长安南门东侧的青龙寺，写了《游青龙寺赠崔大补阙》长诗。由崔群先约，二人步入青龙寺后，"正值万株红叶满""然云烧树大实骈"，满树红叶红柿像"赫赫炎官张火伞"的时令，真像堕入火海一样。他还与老友崔立之赏菊、饮酒、赋诗，以尽游乐畅谈之兴。这时期的韩愈精神是愉快的，心情是舒畅的。然而，历时十五年之久，崔立之仍为大理评事。韩愈深惜这位"念昔尘埃两相逢"的老友官场不得志，而写诗"劝君韬养待征招"。如果说此时他们虽然"钱帛纵空"，还可以衣准酒，享"墙根菊花好沽酒"的乐趣①，是冬所写《赠崔立之》诗，则具体描写了二人官闲无聊，生活困窘的情况：

> ……我读此篇日，正当雨雪时。吾身固已困，吾友复何为？薄粥不足裹，深泥谅难驰。曾无子舆事，空赋子桑诗。……

此诗表达了自己如子舆那样无力举荐好友立之，解其困境。

时宰郑绸因爱韩愈诗文，向其索要，有意提拔他为文学官。树大多悲风，因韩愈名气大，动辄为人注目。事还未成，就连续遭人诽谤，在宰相权臣面前说韩愈的坏话，使他不能无"诘屈避

---

① 《韩昌黎全集》卷四《赠崔立之评事》。

语阱，冥茫触心兵"之叹①。为蜚语所害，为形势所迫，他不得不为免世累而远群嚣，借口伯兄开封尉韩俞死后妻儿无人照顾，要求分司东都，离开是非之地长安，到洛阳去。这就是柳宗元《答韦中立论师道书》里说的："（退之）居长安，炊不暇熟，又挈挈而东。"也即李翱《韩愈行状》所说："宰相有爱公文者，将以文学职处公。有争先者，构公语以非之，公恐及难，遂求分司东都。"

　　韩愈到东都的时间是元和二年的夏天。他对流言蜚语的中伤非常恼火，甚至想是不是因为自己生的时辰不好，一生多得谤誉。因此，他索性闭门谢客，以避流言谤伤。为了把事实真相大白于天下，他还写了《释言》，把他由江陵回京任国子博士后，始见宰相郑公，郑公厚待并向他要诗，及此后接连多次有人向他传说流言的情况写出来公之于世，以回答无耻小人对他的诽谤。时在京为官的韩愈同年好友冯宿见此情况，很关心他的前程，对韩愈说：你傲视权贵世俗的"傲"劲不利于处世，以后不妨随和一些。韩愈有《答冯宿书》道谢。韩愈确实有傲视权贵与世间宵小之徒的犟脾气，叫他"委曲从顺，向风承意"，也不容易。如他自己所说："仆在京城一年，不一至贵人之门，人之所趋，仆之所傲；与己合者则从之游，不合者虽造吾庐未尝与之坐：此岂徒足致谤而已，不戮于人则幸也！追思之可为战栗寒心。"他还说，我到洛阳以来，按你的劝告，克己自处，即使不肖的人到我这里来，也不曾敢轻慢的，这样做是否就能避免语阱之祸，还难

---

① 《韩昌黎全集》卷一《秋怀诗十一首》之十。

断言。

韩愈虽然到东都当了权知国子学教授，却并没有学生可教，他与同年好友侯继助教也没有多少事可做。其生活大抵如他在《送侯参谋赴河中幕》云：

> ……幸同学省官，末路再得朋。东司绝教授，游宴以为恒。秋渔荫密树，夜博然明灯。雪径抵樵叟，风廊折谈僧。陆浑桃花间，有汤沸如烝。三月崒少步，踯躅红千层。沙洲厌晚坐，岭壁穷晨升。沈冥不计日，为乐不可胜。……

秋日二人在树荫下垂钓，灯下对弈，踏雪径，寻古刹，遇樵叟，逢老僧，谈天说地。到陆浑赏花沐浴，登嵩山，看踯躅，晚坐沙滩聊天，早登高岭观日。从早到晚，不计时日，乐不可胜，两位老友回想过去："忆昔初及第，各以少年称。君颐始生须，我齿清如冰。"而今"我齿豁可鄙，君颜老可憎"。不觉相视而笑，频频叹息。

元和三年（808）夏，韩愈改真博士，四年六月十日，当上了东都尚书省都官员外郎。虽说只是从六品上，却是有实权、有事干的三省属官。这时期是韩愈诗文创作的极盛时期，他写了不少足以代表其散文水平的文章，如《毛颖传》《张中丞传后叙》和足以表现其主体风格的好诗，如《陆浑山火》《孟东野失子》《赤藤杖歌》《月蚀诗》等。

诗文星璀璨

论官阶，韩愈的地位不高；若谓倡文卫道、诗风创新、振兴一代，韩愈则是璀璨群星中的北斗；以儒学论，韩愈与其门人李翱不但创立了成熟的儒学道统说，也在发挥孔孟人性说的基础上，创立了新的人性理论；以文论，他不但创作了大量新型的文学散文，也创造了为当时及后世效法的文学散文的结构范型；以诗论，则形成了独树贞元诗坛的韩孟诗派。

在洛阳五年，韩愈为了振兴儒学、倡导古文而谦和待人、广交朋友，其中以文学之士为最。有颇喜结交文学才俊之士的东都留守、韩愈故交郑馀庆，河南府功曹、韩愈知友裴度，河南府水陆转运从事、诗人孟郊，太常寺太祝、正患眼病的诗人张籍，国子博士、古文名家李翱，国子助教、诗文兼能的侯继，以文名家的陆浑尉皇甫湜，伊阙尉牛僧孺，洛阳尉李宗闵，韩愈同年、黜为虢州司马的王涯，吏部员外郎、以直谏与文著称的韩愈好友王仲舒。还有处士少室李渤，洛阳石洪、温造，穷居洛阳的高士、韩派诗人卢仝、贾岛、李贺、刘叉、马异、唐衢及以传奇文著称的韩门弟子沈亚之，古文名家、韩愈之女婿李汉，河南尉元稹，游洛阳的董邵南、陈商。以上诸人除郑、裴、孟、王、元外，大都投学于韩愈，世称"韩门弟子"。

韩愈与孟郊的交情非同一般。元和元年十一月，郑馀庆由宰相罢为国子祭酒，再罢为河南尹，经韩愈与李翱举荐，孟郊由郑馀庆奏为河南府水陆运从事、试协律郎，随馀庆居洛，住在四面带水，又一面对山的立德坊。除公事外，他"一旬一手版，十日九手锄"，而"独治二亩蔬"。住在这"立德何亭亭，西南耸高隅""耸城架霄汉，洁宅涵缊缊。开门洛北岸，时锁嵩阳云"的地方，确是"锄治苟惬适，心形俱逍遥"。①郑馀庆还亲自上门拜见孟郊老母。但是，好景不长。元和三年，年老的东野连连丧子，刚产下的幼子也死去了。老来殇子是人生的大不幸，这位情感丰富的老人，怎能抑制滴滴老泪，如其《悼幼子》诗云："负我十年恩，欠尔千行泪。"又见杏花落而伤情，写《杏殇九首》："零落小花乳，斓斑昔婴衣。拾之不盈把，日暮空悲归。""踏地恐土痛，损彼芳树根。"见落花疑儿衣而伤，儿埋土里，连土也不忍踏。

韩愈对这位无子孙的病叟，十分怜念担心，挖空心思写了《孟东野失子》诗，指天怨地："上呼无时闻，滴地泪到泉。地祇为之悲，瑟缩久不安。"于是呼唤大灵龟，驾云上天，质问天帝为什么对天下之人这样厚薄不均。天帝则以实相告："天曰天地人，由来不相关。……且物各有分，孰能使之然？有子与无子，

---

① 《孟东野诗集》卷五《立德新居十首》。

祸福未可原。鱼子满母腹，一一欲谁怜？细腰不自乳，举族长孤悬。鸱枭啄母脑，母死子始翻。蝮蛇生子时，坼裂肠与肝。好子虽云好，未还恩与勤。恶子不可说，鸱枭蝮蛇然。有子且勿喜，无子固勿叹。"大灵龟获天命归告地祇，地祇命大灵龟转告世人。孟郊这才"再拜谢玄夫，收悲以欢忻"，转悲为喜。韩愈苦思冥想的朴素道理表现了对朋友的真情。为了解老友烦愁，他还和东野同到谷水莎栅游览，有《莎栅联句》。韩发句"冰溪时咽绝，风栌方轩举"，孟接以"此处不断肠，定知无断处"。两人联句斗胜，皆雄词长篇；此则发之即结，成为最短的联句。

元和二年秋，李贺骑着毛驴和侍儿巴童来到洛阳，拜见国子博士韩愈，呈上抄好的诗卷。韩愈刚出门拜客回府，身子困乏，本不欲见。可是当他一边解带宽衣，一边展阅诗卷，读了卷首《雁门太守行》时，连念"黑云压城城欲摧，甲光向日金鳞开"，不觉拍案叫好。李贺带着装诗稿的锦袋进来拜见韩愈，韩愈鼓励他继续作诗，熟读经典，学习古文，参加进士考试，为中兴唐朝尽心出力。此后，李贺成了韩门的常客。李贺诗最终形成奇瑰诡怪风格，当受韩诗奇崛瑰怪风格的影响。

韩愈的学生皇甫湜为河南府陆浑县尉后，和韩愈的来往更密切了，也和邻县的李贺来往不断，二人遂成好友。时游宦于长安洛阳的韩门子弟张彻等也与李贺交上朋友。

元和三年（808），王涯先被降为都官员外郎，四月贬为虢州司马，九月徙为袁州刺史。过洛阳时，韩愈、皇甫湜、侯继等在洛水桥边设帐置酒与王涯话别。韩、侯皆王涯的同年友，又都在洛阳国子监任职。他们分韵作诗，韩愈得"前""秋"二字，作《祖席》诗两首，安慰被李吉甫陷害黜官的王涯。

与洛阳桥边送王涯相去仅一月的十月九日，韩愈与王仲舒、郑楚相、潘宿阳、李演、郑纮、石洪等七人同游洛阳名刹福先寺。福先寺在洛阳城长夏门大街东第二街、南市东，北临富教坊，南临临阛坊，东临从善坊，在延福坊内。寺内有水铠，四轮齐转，文人多游处。七人游后，韩愈还写了《福先塔寺题名》：

> 处士石洪濬川、吏部员外王仲舒弘中、水部员外郑楚相叔教、洛阳县令潘宿阳乾明、国子博士韩愈退之、前试左武卫胄曹李演广文、前杭州钱塘县尉郑纮文明，元和三年十月九日同游。

十余年后裴度曾以宪宗所赏巨款重修福先寺。

韩愈与名士李渤交游甚密，相互敬重，李渤在朝廷重臣李巽、韦况推荐，宪宗派人持诏征为右拾遗而不起的情况下，元和三年七月韩愈有《与少室李拾遗书》，对这位好友晓之以理，动之以情，劝其出山，为王朝献策，为百姓谋利。李渤接受韩愈劝说而应征，可见当时韩愈的威望与影响。

元和四年正月十二日，李翱受岭南节度使、广州刺史杨於陵辟为幕府掌书记，离洛阳南行。先是石洪与韩愈到李翱住处看望他和妻子，十八日李翱离开东都时二人又乘船送行。十九日，三人到孟郊住处与郊等同送李翱至洛阳东南的漕口，石洪因妻子卧病先归。韩、孟又继续送其至景云山山居，次日饭后，才与李翱惜别而归。韩有《送李翱》诗，孟有《送李翱习之》诗。

　　四年春，在桃花盛开的一天，韩愈应皇甫湜的邀请来陆浑，侯继、张彻、沈亚之等随行，到陆浑后由皇甫湜引导，观看了陆浑山上烂漫的桃花，在县西北的温泉泡了温水澡。在路上，皇甫湜、张彻、沈亚之都赞扬李贺的诗，还举出《送韦仁实兄弟入关》《开愁歌》等几首诗给韩愈听。次日，天气晴和，又是草树着绿、野花盛开的大好春光，五人乘车马奔昌谷李家来。到昌谷已是傍晚时分，巧遇李贺的几位老友杨敬之、权璩、王恭元，一起到南园，喝酒论诗。李贺成《高轩过》诗：

　　　华裾织翠青如葱，金环压辔摇玲珑，马蹄隐耳声
　隆隆。入门下马气如虹，云是东京才子，文章钜公。
　二十八宿罗心胸，元精耿耿贯当中。殿前作赋声摩空，
　笔补造化天无功。庞眉书客感秋蓬，谁知死草生华风；
　我今垂翅附冥鸿，他日不羞蛇作龙。

　　诗前小序云："韩员外愈、皇甫侍御湜见过，因而命作。"夜色渐深，月光渐暗，东方渐明，已是拂晓时分；蓝天湛净，清风习习，山雀啼叫，一派恬静。金乌喷薄，大自然又送来一个好天气，于是各位拱手告别。谁晓得，韩、李、皇甫等这次聚会，竟成了千年诗坛传诵的佳话！

　　三月二十六日，韩愈与著作佐郎樊宗师、处士卢仝由洛阳至

少室谒李渤。樊宗师到玉泉寺后，因旧病复发，不能继续游历而不得不归洛阳。韩愈《谒少室李渤题名》云："愈同樊宗师、卢仝谒少室李拾遗。"次日继游，又与李渤、卢仝、道士韦濛、僧人荣一块遍游自少室山而东至太室中峰一带的寺庙，在嵩阳书院的大柏树下休息后登太室山中峰，当晚在封禅坛下的石室里投宿。又游了龙泉寺，并在龙潭垂钓。相传龙潭有灵，如有人在此喧闹，亵渎神灵，便有雷霆炸响；韩愈等垂钓试之，果然灵验。第二天，众人观启母石，入启母观，遇道士赵玄而后归。参加漫游的前后有九人，时间长达七八天。韩愈《嵩山天封宫题名》：

> 元和四年三月二十六日，与著作佐郎樊宗师、处士卢仝，自洛中至少室，谒李征君渤。樊次玉泉寺，疾作归。明日，遂与李、卢、道士韦濛、僧荣，并少室而东，抵众寺，上太室中峰，宿封禅坛下石室。遂自龙泉寺钓龙潭水。遇雷。明日，观启母石。入此观，与道士赵玄遇，乃归。闰月三日，国子博士韩愈题。

元和五年（810），韩愈为河南令时，曾写信给李贺，鼓励他应进士考试。后李贺参加了河南府的选试，作《河南府试十二月乐词》，受到主考河南府尹房式的首肯，以俊杰获选，便推荐其参加长安春试，以李贺的名气与才华，中进士殊有可能，可是有与他争名的人，以李贺父名"晋肃"，"晋"与"进"字同音，得讳父名，不应参加考试。因此，李贺未能应考。这件事对政界、文坛影响很大。于是韩愈写了《讳辩》这篇名文，驳斥了那些借"讳"与李贺争名的无耻之徒的诋毁。李贺一生仅做过奉礼郎，二十七岁便郁郁而夭。因李贺早夭，故他的诗歌成就未登峰。尽管如此，这位少年鬼才，亦以他独特的诗风，创造了他在诗坛上的独特地位。今存李贺诗四卷，名《昌谷集》，杜牧作序。

李贺诗如孟郊、贾岛诗，受韩诗影响而别创一体。他的作品虽不能为韩诗之雄怪，却出之以诡奇；不能如韩诗放纵恣肆，却能收之为矜炼；凄戾之音，危仄之体，与孟郊、贾岛有同有异：同者笔皆拗艰，异者辞有华朴。孟、贾善五言，李贺长于乐府。孟、贾诗以清峭为铸炼，不贵绮错；李贺诗则以雕藻为铸炼，务求诡丽。孟、贾诗取眼前之景，而出精思；李贺诗则构思诞幻，语语生奇，无一笔肯坦易，无一语不绮错，其辞若可解，若不可解，其意有可测，有不可测。李贺诗饰夷为艰，袭昭以幽，易常以异，务求凄厉，世称"鬼才"。

皇甫湜黜为陆浑尉后，因愤时宰的气焰与跋扈，写了《陆浑山火》的怪诗，得韩愈之奇的特点，惜诗不存，然从韩愈《陆浑山火一首和皇甫湜用其韵》可窥其怪奇一斑。韩愈借和诗为其学生鸣不平，笔锋直指当政权臣。诗先写山火风大势猛，烧得空中、地上、水府、阴司的禽兽奔逃，鬼神潜避，寓喻当时政治形势险恶，善类俱遭横祸。再写火神趾高气扬，兴高采烈，大宴僚属，寓喻权臣气焰之盛。最后写黑螭侦察被焚，上诉天庭，上帝无能奈其何，只得劝水神暂避，等待时机，再给火神以惩罚，寓喻皇甫湜、牛僧孺、李宗闵、李正封中贤良方正能直言极谏科，以敢直言受到皇上的赏识，却触怒权臣李吉甫，强行贬黜皇甫、牛、李及正封；考官杨於陵、李益、韦贯之、郑敬及复试官王涯、裴垍均被贬出京，宪宗也无法触动权臣。

皇甫湜曾任御史内供奉，官至工部郎中。湜恃才傲物，性情褊直，乘酒使气。皇甫湜、李翱同是韩愈学生，性格文风却不同。李翱文贵平正，皇甫湜文务怪奇；李翱文求洁净，皇甫湜文笔华藻。皇甫湜答翱三书，盛气攻辩，认为："夫意新则异于常，异于常则怪矣；词高则出于众，出于众则奇矣。虎豹之文，不得不炳于犬羊；鸾凤之音，不得不锵于乌鹊；金玉之光，不得不炫于瓦石；非有意先之也，乃自然也。"作《谕业》评说唐人诗文，颇具见地，谓："韩吏部之文，如长江大注，千里一道，冲飙激浪，污流不滞；然而施于灌溉，或爽于用。"李翱《答朱载言书》则说：

  ……天下之语文章，有六说焉：其尚异者，则曰文章辞句，奇险而已；其好理者，则曰文章叙意，苟通而已；其溺于时者，则曰文章必当对；其病于时者，则曰文章不当对；其爱难者，则曰文章宜深不当易；其爱易者，则曰文章宜通不当难。此皆情有所偏，滞而不流，未识文章之所主也。义不深不至于理，言不信不在于教劝，而词句怪丽者有之矣。……文、理、义三者兼并，乃能独立于一时，而不泯灭于后代，能必传也。仲尼曰："言之无文，行之不远。"子贡曰："文犹

质也，质犹文也，虎、豹之鞟犹犬、羊之鞟。"此之谓
也。陆机曰："怵他人之我先。"韩退之曰："唯陈言之
务去。"……

皇甫湜、李翱乃是韩愈倡导"古文运动"的左膀右臂，韩愈
在世时，二人是为两员大将；韩愈去世后，二人为"古文运动"
的两派领袖。李翱尚正，重质理而少文采；皇甫湜尚奇，重文采
而轻质理，都未能全面理解乃师"修辞""明道"的宗旨。至晚
唐，尚正一派复归于质木无文的旧路；尚文一派被重文采者利
用，助推了骈文复归。

在洛阳这段时间，以韩愈为核心，或三两人，或五六人，或
七八人，常聚游作文论诗。阳春三月，洛河岸边，韩愈做东，众
友聚会。洛水畔，杨柳岸，牡丹盛开；春日丽，冠盖集，游人如
织；洛水牡丹样样好，花开时节动京城。孟郊、樊宗师、李翱、
皇甫湜、卢仝、张彻、沈亚之、窦牟、石洪、李渤、刘叉等相继
赶来。他们都是韩愈的老友及学生，相互认识，大家边吃酒，边
吟诗论文，畅所欲言，毫无拘束。

都官强项令

元和四年六月十日，韩愈由国子博士授尚书省从六品上的都官员外郎，兼判祠部，分司东都。都官属刑部，掌役隶簿录，给衣粮医药，理诉雪冤。员外郎虽是正员以外的官，隋唐时已同正员。祠部属礼部，管祠祀、享祭、天文、漏刻、国忌、庙讳、卜筮、医药、僧尼之事。即使如此，韩愈也可以做一个薄俸自适、悠然以乐的闲官。作为既信任又敬重他的上司郑馀庆何尝不希望他少管事、少是非、安然自处呢？然而，韩愈恪守儒学之教：在其位就要谋其政："有官守者，不得其职则去；有言责者，不得其言则去。……盖孔子尝为委吏矣，尝为乘田矣，亦不敢旷其职，必曰'会计当而已矣'，必曰'牛羊遂而已矣'。①"在韩愈看来，做官要像孔子那样，当会计、管牛羊，都应该尽职尽责。

洛阳的社会环境虽与长安类似，但在某种意义上却更复杂一些。原来这东都洛阳宦官领导下的禁军，冒官府之名，非法经商，敲诈百姓钱财，他们为了争夺生意，扩大地盘，随意仗势封

---

① 《韩昌黎全集》卷十四《争臣论》。

占商户，霸人货财，闹得士农工商苦不堪言；寺观僧尼倚仗宦官强夺民屋，霸占民田，伤风败俗，破坏寺规；藩镇留邸，不但仗势欺人，还窝藏奸细，搜罗叛逆，图谋不轨。这些恶劣行径，不仅使百姓怨声载道，还是皇朝不安定的因素。韩愈官闲无事，在洛阳数年，常到民间走动，熟知这种情况，只是他作为国子博士无权过问罢了。而今被皇上制授此权，岂能不尽职尽责？韩愈为了整顿洛阳的社会秩序，压压那些为非作歹的不法禁军、僧尼的气焰，派人查实了几桩影响大的案件，当堂公开审结，众人拍手称好。

经韩愈整治，不法之徒有所收敛，社会秩序好多了，且多少为皇朝消除了一些隐患。东都宦者不为无罪，韩愈不为有过，这情况郑馀庆是很清楚的。但是，他已因事得罪了权奸，后又黜官东都。他虽想制裁那些不法之徒，却又想以少事为安。于是，便在之后找机会把韩愈调开。韩愈忠职尽责，正表现了他的节操；他与宦者为敌，则表现了他反对中唐宦官专权，以复兴王室为目的。正如他的学生皇甫湜说的："除尚书都官郎中，分司判祠部。中官号功德使，司京城观寺，尚书敛手就职，先生按六典尽索之以归，诛其无良，时其出入，禁哗众以正浮屠。①"

不管韩愈在都官任上政声如何好，郑馀庆如何在内心里倾向韩愈，他也不能不在表面上维护炽焰烧天的内官体面，保住自己暂时安定的官位。在那样的时代里，日与宦者为敌的韩愈，丢官去职是在意料之中的。约于元和五年冬，韩愈被改官为正五品上

---

① 《皇甫持正集》卷六《韩文公神道碑》。

的河南县令。有人会问：河南县令比都官员外郎品级还高，怎么算沙汰降职呢？这是因为都官品级虽不算高，但权重位尊，又是内职，而河南县令虽是畿县长官，却也算外官。

韩愈被任官河南县令后，憋了一肚子怨气，就借正月晦日（每月末日）送穷之俗，写了《送穷文》，无疑是他不满意把自己沙汰河南县令的呐喊，文章开头即说：

> 元和六年正月乙丑晦，主人使奴星结柳作车，缚草为船，载糗舆粮，牛系轭下，引帆上樯。三揖穷鬼而告之曰："闻子行有日矣，鄙人不敢问所涂，窃具船与车，备载糗粮。日吉时良，利行四方，子饭一盂，子啜一觞，携朋挈俦，去故就新，驾尘彍风，与电争先。子无底滞之尤，我有资送之恩，子等有意于行乎？"

他借《论语》里"君子固穷"之旨，历数智穷、学穷、文穷、命穷、交穷等，言衣食宴乐处寡，叙愤世嫉俗处多，风格雄肆，颇似《离骚》，名为送穷，实则延穷；名曰斥穷，实则以谴自誉；名曰讥己，实则愤俗。总之，借送穷鬼，把自己的性格、形象、为人，和盘托出，说出满肚子的牢骚。这种意在言外的写法正是韩愈杂文的特点。韩愈为什么借此发这么大牢骚，我们读一读他的《为河南令上留守郑相公启》就会恍然彻悟：

> 愈启：愈为相公官属五年，辱知辱爱。伏念曾无丝

毫事为报答效，日夜思虑谋画，以为事大君子当以道，不宜苟且求容悦；故于事未尝敢疑惑，宜行则行，宜止则止，受容受察，不复进谢，自以为如此真得事大君子之道。今虽蒙沙汰为县，固犹在相公治下，未同去离门墙为故吏，为形迹嫌疑改前所为，以自疏外于大君子，固当不待烦说于左右而后察也。

人有告人辱骂其妹与妻，为其长者，得不追而问之乎？追而不至，为其长者，得不怒而杖之乎？坐军营操兵守御、为留守出入前后驱从者，此真为军人矣；坐坊市卖饼又称军人，则谁非军人也？愚以为此必奸人以钱财赂将吏，盗相公文牒，窃注名姓于军籍中，以陵驾府县，此固相公所欲去，奉法吏所当嫉，虽捕系杖之未过也。

昨闻相公追捕所告受辱骂者，愚以为大君子为政当有权变，始似小异，要归于正耳。军吏纷纷入见告屈，为其长者，安得不小致为之之意乎？未敢以此仰疑大君子。及见诸从事说，则与小人所望信者少似乖戾。虽然，岂敢生疑于万一？必诸从事与诸将吏未能去朋党心，盖覆黮黯，不以真情状白露左右；小人受私恩良久，安敢闭蓄以为私恨，不一二陈道？伏惟相公怜察，幸甚，幸甚！

愈无适时才用，渐不喜为吏，得一事为名可自罢去，不啻如弃涕唾，无一分顾藉心，顾失大君子纤芥意如丘山重，守官去官，惟今日指挥。愈惶惧再拜。

　　读此文真不需一字解说，韩愈"强项"的品格、形象已跃然纸上。不知抑韩者为何不察韩愈本质，只看表面文字而责他是官迷呢？

　　韩愈为河南令时，不少百姓反映一些纨绔子弟与亡命之徒相互勾结，欺压百姓，也有人直接到其河南县衙反映情况、告状的。韩愈先是组织精干差役，对各地藩镇住在洛阳河南县管辖内的府邸明察暗访，确实发现藩镇把一些亡命之徒及一些颇有些武艺的盗贼草寇窝藏府内，练习武艺，往来于藩镇与洛阳之间传递消息，一有风吹草动，便可作为内应。摸准情况后，韩愈组织人力，在全县进行了一次清查搜捕，着实抓了一批不法之徒，对其中有命案、邪恶深重、民愤极大、处置后影响大、能震慑这些黑恶势力的典型，推向市曹杀了几个。韩愈的这一行为使东都洛阳、河南府的百姓人心大快，也使藩镇及其在洛阳的亲属不得不有所收敛。

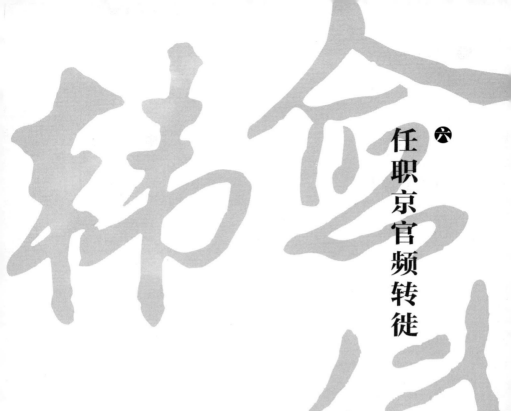

任职京官频转徙

（六）

然而公不见信于人，私不见助于友。跋前踬后，动辄得咎。暂为御史，遂窜南夷。三为博士，冗不见治。命与仇谋，取败几时。

——《韩昌黎全集》卷十二《进学解》

职方到博士

皇甫湜《韩文公神道碑》说韩愈任河南令时："魏、郓、幽镇，各为留邸，贮潜卒以橐罪士，官无敢问者。先生将擿其禁，以壮朝廷，断民署吏，候旦发，留守尹以闻，皆大恐，遽相禁。有使还为言，宪宗悦曰：'韩愈助我者。'是后，郓邸果谋反东都，将屠留守，以应淮、蔡。"元和六年（811）七月，宪宗诏任韩愈为职方员外郎，召回长安。职方员外郎属兵部，正六品上，掌天下地图及城隍、镇戍、烽堠之事，辨其邦国都鄙远近及四夷之归化。凡五方区域，都邑废置，疆场争讼者，举而正之。韩愈接到任命的诏书，立即策马，西赴长安，这已是他第三次回京任职了，一路上感慨甚多，兴致也高。当他到达潼关时，望着那雄伟的关隘，不由得思潮奔涌，感慨万千，写了《入关咏马》：

岁老岂能充上驷，力微当自慎前程。不知何故翻骧首，牵过关门妄一鸣。

他也深知自己的脾气，虽然每每告诫自己凡事谨慎小心，可终是本性难移，遇到不平之事，总不能缄口不语，此番进京，怕也难以平静。

这年秋天，发生了一件震惊朝野的案件：富平县人梁悦为报父仇，杀仇人秦杲，然后到县衙投案自首。这类案子在唐代接连发生，自太宗以来，已有七起之多。因为涉及封建社会"礼"与"法"的矛盾，处理起来十分棘手。前朝也讨论过类似案例，有人主张赦免，有人主张治罪，也有人主张杀了再表彰。人们往往同情替父报仇的人，意见纷纭，莫衷一是。当朝天子感到十分为难，九月五日下诏说：

> 在礼父仇不同天，而法杀人必死。礼、法，王教大端也，二说异焉。下尚书省议。[①]

韩愈积极参与，发言直率，当天就写成《复雠状》上奏，谈自己的看法。他指出：子报父仇，见于《春秋》《礼记》《周官》及诸子史书，不可胜数，未有非而罪之者。然而法律却没有准确的条文，这并不是有意漏掉，而是有其难处：如果不许复仇，就会伤孝子之心；如果允许复仇，人们就会凭借法律条文，私自报仇杀人，这样一来，国家将无法禁止杀人。更何况法律虽由圣人制定，而执行的却是主管官员。复仇之名虽同，而其事各异，或者罪不当诛而诛，或者有罪本就该杀。那么，子报父仇的性质

---

① 《新唐书·孝友传》。

就不同了，所以，他说："杀之与赦，不可一例。"主张凡属这类案子，应该把事情原委申报尚书省，由尚书省组织群臣审议，酌情合理处之。韩愈的这种见解并非无懈可击，然而在当时，他主张交由众议，从实情出发，具体案例具体分析，酌其宜者而处之，要比笼统地杀或赦，或杀了再表彰这种自相矛盾的主张公允得多。因为他讲的有道理，受到朝臣的重视，故载于史书。朝廷对这个案件处理很快：五日下诏，六日议定。特赦免死，决杖一百，发配循州（今广东惠州市东）。

不过，韩愈对另一个案子的关心却给他带来降职的处分。洪兴祖《韩子年谱》引《宪宗实录》云："七年二月乙未，职方员外郎韩愈为国子博士。"其原因在"妄论"柳涧案。

华州刺史阎济美奏华阴县令柳涧有贪赃罪，未经监察核实，就停了他的职务，降为曹掾。数月后阎济美罢职，柳涧煽动百姓拦路向他索要"军顿役直"。这件事激怒了继任的华州刺史赵昌，他将柳涧下狱，并将其罪状上报朝廷后，将柳涧贬为房州司马。恰巧这时韩愈由洛阳去长安赴职方员外郎任，途经华阴得知此事，他认为是前后刺史结党，互相庇护陷害柳涧，上疏为柳涧辩理。韩愈的上疏留中不下，朝廷诏令监察御史李宗奭复审此案，获取柳涧赃物，确实有罪，再贬封溪尉，韩愈也因此犯了错。朝廷以"妄论"罪将他贬职。韩愈未知详情为柳涧辩解，此"鸣"确有失误；然而他在上疏中也提出，华阴县近在国门，应当经监察考核坐实后再处理；认为应按法律程序处理一个官员，不失为谠言。韩愈与柳涧并无私情，与阎济美、赵昌也无恩怨。

就事论事提出自己的看法而招致处分，虽事出有因，却也过分。所以卢仝《常州孟谏议座上闻韩员外职方贬国子博士有感五首》便为他鸣不平，其一云：

> 忽见除书到，韩君又学官。死生纵有命，人事始知难。烈火先烧玉，庭芜不养兰。山夫与刺史，相对两巑岏。……

其二云：

> ……员郎犹小小，国学大频频。……朝廷无谏议，谁是雪韩人。……

这件事对"披腹呈琅玕"[1]，才有施展机会却得而复失的韩愈来说，无疑是沉重打击。这已是他第三次任博士了，正如他自己说的："三为博士，冗不见治。[2]"自嘲自讥，也包含着他对降官的牢骚、愤怨和失望。

这年八月十五日，他写了《和崔舍人咏月二十韵》，诗里虽然暗含"重门限禁扃"的愤怨之气，自谓"独有虞庠客，无由拾落蓂"，说自己做个学官，不会有好的命运。同时也表现出他

---

[1] 《韩昌黎全集》卷二《郾郾》。
[2] 《韩昌黎全集》卷十二《进学解》。

"幽坐看侵户，闲吟爱满庭"①的清闲幽思。诗借和好友崔群咏月诗，精描细写，着意雕刻，似在用心写自己的清闲自适，却掩盖不住潜藏于内心的怨愤惆怅。然而，他在《赠刘师服》里却又表现出不同凡响的旷达：

> 羡君齿牙牢且洁，大肉硬饼如刀截。我今呀豁落者多，所存十余皆兀臲。匙抄烂饭稳送之，合口软嚼如牛呞。妻儿恐我生怅望，盘中不钉栗与梨。只今年才四十五，后日悬知渐莽卤。朱颜皓颈讶莫亲，此外诸余谁更数？忆昔太公仕进初，口含两齿无赢余。虞翻十三比岂少，遂自惋恨形于书。丈夫命存百无害，谁能检点形骸外？巨缗东钓傥可期，与子共饱鲸鱼脍。

诗中把自己的老态描写得淋漓尽致。这形态的自我描述，就是在放荡不羁的李白笔下也难找见。李、韩二人性格虽都有狂傲的一面，但表现形式却不同。诗的后半部分以老姜尚、少虞翻齿落从政而建树了一番功业作喻，说自己才四十五岁，齿牙虽落，但所剩却不比他们少，以后还有机会干一番事业。由此可见他有大才、怀大志，耿直磊落，勇于敢为，在愤懑和失望时又往往旷达幽默。是年十二月四日的冬雪夜晚，闲坐无聊，借衡山道士轩辕弥明及韩门弟子侯喜、刘师服，编造了《石鼎联句诗序并

---

① 《韩昌黎全集》卷九。

诗》，是他愤世嫉俗的诗传。方世举释之曰：

……此借石鼎以喻折足覆𫗧之义，刺时相也。篇中点睛是“鼎鼐水火”四字。序言元和七年，时李吉甫同平章事。史称吉甫与李绛数争论于上前，故曰：“谬当鼎鼐间，妄使水火争。”上每直绛，吉甫至中书，长吁而已，故曰：“直柄未当权，塞口且吞声。”吉甫又与枢密使梁守谦相结，故曰：“一块元气闭，细泉幽窦倾。”吉甫自为相，专修旧怨，故曰：“方当洪炉然，益见小器盈。”又时劝上为乐，李绛争之，上直绛而薄吉甫。又劝上峻刑，会上以于頔亦劝峻刑，指为奸臣，吉甫失色，故曰：“以兹翻溢愆，实负任使诚。”吉甫恶兵部尚书裴垍，以为太子宾客，欲自托于吐突承璀，以元义方素媚承璀，擢为京兆尹，故曰：“宁依暖热弊，不与寒凉并。”所奏请者，不过减削官俸，择人尚主，故曰：“区区徒自效，琐琐不足呈。”篇中言言合于吉甫，的为李吉甫作。……

字字坐实，难免过泥。若将“龙头缩菌蠢，豕腹涨彭亨”“在冷足自安，遭焚意弥贞”“磨礲去圭角，浸润著光精。愿君莫嘲诮，此物方施行"①与公此时的处境及心态比照，就会体察到，这绝非一般的游戏文字。

---

① 《韩昌黎全集》卷二十一《石鼎联句诗序并诗》。方说见《韩昌黎诗集编年笺注》。

比部兼修撰

最能反映韩愈三为博士时思想情绪的还是名文《进学解》。此文写在《石鼎联句》后，由国子博士授比部郎中、史馆修撰之前的元和八年春，云：

> 国子先生晨入太学，招诸生立馆下，诲之曰：
>
> "业精于勤，荒于嬉，行成于思，毁于随。方今圣贤相逢，治具毕张，拔去凶邪，登崇畯良。占小善者率以录，名一艺者无不庸。爬罗剔抉，刮垢磨光。盖有幸而获选，孰云多而不扬。诸生业患不能精，无患有司之不明；行患不能成，无患有司之不公。"

落笔写其以师长的身份教诲太学诸生，阐明他对"业"与"行"的见解，贴切精到，发人深省。韩愈指出今逢盛世，唯才是举，借以勉励太学诸生，结句落到诸生的前途在于个人"业"与"行"，而不要忧虑"有司"不明、不公。因此引起太学生的诘难，驳论：

言未既，有笑于列者曰："先生欺余哉！弟子事先生于兹有年矣。先生口不绝吟于六艺之文，手不停披于百家之编；记事者必提其要，纂言者必钩其玄；贪多务得，细大不捐。焚膏油以继晷，恒兀兀以穷年；先生之业可谓勤矣。抵排异端，攘斥佛老，补苴罅漏，张皇幽眇；寻坠绪之茫茫，独旁搜而远绍，障百川而东之，回狂澜于既倒：先生之于儒，可谓有劳矣。沉浸醲郁，含英咀华，作为文章，其书满家。上规姚姒，浑浑无涯；《周诰》《殷盘》，佶屈聱牙；《春秋》谨严，《左氏》浮夸；《易》奇而法，《诗》正而葩；下逮《庄》《骚》，太史所录，子云相如，同工异曲。先生之于文，可谓闳其中而肆其外矣。少始知学，勇于敢为；长通于方，左右具宜：先生之于为人，可谓成矣。"

先生的话还没有说完，有人就在队列中讥笑起来。这位弟子之所以觉得好笑，是因为他追随先生时间久，了解先生的"业精""行成"以及他屡遭贬谪的处境。他从"先生之业""先生之于儒""先生之于文""先生之于为人"四个方面，集中扼要地说出了先生的"业精"与"行成"。然而结果却是"公不见信于人，私不见助于友……命与仇谋，取败几时"。他用事实反驳了先生所训导的话，对先生所言只要"业精""行成"就能见知于人，见用于当时，而不必担忧"有司"的"不公""不明"感到是受欺骗，觉得滑稽可笑。接着写先生针对学生的诘难进行答辩，从容不迫，策略灵活：先以工匠、医生作譬，说明量才录用是宰相的职责；再以孟子、荀卿的遭遇，说明有学问、有修养的人不一定见用于当世，而自己学问、修养都远不如孟、荀，今日"投闲置散，乃分之宜"，不应该"忘己量之所称"，向执政者提出分外的要求。下面是他人才观最绝妙的表述：

　　先生曰："吁，子来前！夫大木为𣘖，细木为桷，榱栌侏儒，椳闑扂楔，各得其宜，施以成室者，匠氏之工也；玉札丹砂，赤箭青芝，牛溲马勃，败鼓之皮，俱收并蓄，待用无遗者，医师之良也；登明选公，杂进巧拙，纡余为妍，卓荦为杰，校短量长，惟器是适者，宰相之方也。"

　　看是自嘲，实是反话正说。韩愈素有大才大志，以继承儒学道统为己任，二十五岁中进士，仕途坎坷，其不平之气可想而知。如《新唐书·韩愈传》说他"才高数黜，官又下迁，乃作《进学解》以自喻"。韩愈此文模仿西汉东方朔《答客难》和扬雄《解嘲》的形式，是一篇赋体杂感，采用主客问答、借客伸主的写法，运用反语。在语言上，骈散兼行，句式整齐又富于变化。文中多处运用对偶、排比，具有骈文的特点，但又不拘束于四六程式，不致力于用典，没有骈文呆滞死板的弊病；辞采优美，夹用韵语，用语灵活多变化，读起来朗朗上口；文情并茂，但又不一味地铺排藻饰；行文布局上较多地吸收了散文的长处，兼具整饬与自然流畅之美，气韵生动，形象感人，是一篇优美的文赋。

在中国文学史上，韩愈是以倡导古文、反对骈文著称的，但是从他的写作实践看，他并非一概否定骈文，而是十分注重吸收六朝骈体文的精髓。他反对形式主义，主张"修辞以明道"，又十分追求文章形式的完美，这些都可以看出韩愈既重视继承又追求开创精神。《进学解》这篇文赋正体现着在唐代古文运动影响下我国传统赋体的变革，韩愈的创作直接影响到宋代的欧阳修、苏轼。从《进学解》到《秋声赋》、前后《赤壁赋》，无一不体现出唐宋古文大家继承的创新精神。韩愈又是一位杰出的语言大师，在这篇不满千字的《进学解》中，竟为后人留下二十多个成语和格言，诸如"业精于勤，荒于嬉，行成于思，毁于随""提要钩玄""贪多务得""细大不捐""回狂澜于既倒""佶屈聱牙""闳中肆外""动辄得咎""头童齿豁"等，这些言简意赅、生动活泼、表现力极强的语言至今仍会出现在我们的口头或书面语言中，体现了韩愈散文语言的简洁、新颖、准确、生动的特点。这也体现了他"陈言务去""辞必己出"的散文创作理论实践。

韩愈善于创造性地使用古人语言，还善于吸收当代富有表现力的口语，创造出新的文学语言，无怪他被后人称为"语言大师"。此外，精妙的设喻、精辟的议论、幽默的反语、奇特的构思等，都令人拍案叫绝。千百年来，《进学解》以其高度的艺术成就为世瞩目，传诵不衰。其再传弟子孙樵评价说："韩吏部《进学解》、冯常侍《清河壁记》，莫不拔地倚天，句句欲活，读之如赤手捕长蛇，不施控骑生马，急不得暇，莫可捉搦，又似远人入太兴城，茫然自失。"①在激赏奇文时，不也指出了韩愈的学识与性格吗？

《旧唐书·韩愈传》全文采录《进学解》后云："执政览其文而怜之，以其有史才，改比部郎中、史馆修撰。"比部郎中，从五品上，属尚书省，时在元和八年（813）三月二十二日。当时宰相是李吉甫、李绛和武元衡。李吉甫监修国史，急需修史人才，韩愈是合适的人选。从《韩愈比部郎中史馆修撰制》："太学博士韩愈：学术精博，文力雄健，立词措意，有班、马之风；求之一时，甚不易得。加以性方道直，介然有守：不交势利，自致名望。可使执简，列为史官，记事书法，必无所苟。仍迁郎位，用示褒升。可依前件。"可见当权者对他学业、人品的评价很高。从当时朝廷的政治形势看，对韩愈有利。李绛与韩愈为同榜进士，是同年友；武元衡与韩愈早在贞元十八九年就有交往，当时武元衡为左司郎中，韩愈为四门博士、后为监察御史。韩愈与武元衡从父弟武儒衡早在贞元八九年间就认识，当时两人同在长安应进士考试。武儒衡贞元九年登进士第，且小韩愈一岁，郑馀庆为东都留守时，武儒衡为伊阙尉，韩愈也为东都属官，过从甚密。所以，当元和八年三月十一日武元衡从剑南西川被召回长安重拜门下侍郎、平章事后不久，韩愈即去看他。武元衡将在西川

① 《孙樵集》卷二《与王霖秀才书》。

所写的《四川使宅有韦令公时孔雀存焉暇日与诸公同玩座中兼故府宾妓兴嗟久之因赋此诗用广其意》《春晓闻莺》让韩愈和诗，韩愈写了《奉和武相公镇蜀时咏使宅韦太尉所养孔雀》和《和武相公早春闻莺》。韦太尉即剑南西川节度使韦皋，顺宗朝诏为检校太尉，治蜀二十一年，元和二年（807）由武元衡接任。元和八年武元衡被召回秉政。史称武元衡能诗，韩愈为朝官，且以诗文名噪京华，又是旧相识，此番相逢于朝，唱和就是很自然的事了。此为和诗，面对的是宰相，诗里却不涉武元衡，更无点滴献媚意，亦见韩愈之直。

这个时期，元和名臣故相郑馀庆、权德舆都在朝任要职，受到宪宗垂爱，也都与韩愈交好。还有任中书舍人的崔群、裴度，兵部员外郎、知制诰王涯等，都与韩愈或同年、或好友，这样的人事关系对韩愈有利，因此，可以说从元和八年三月二十二日任比部郎中、史馆修撰，到元和九年十月二十一日转考功郎中，前后共十九个月，不仅是韩愈仕途的顺境，也是他在朝为官最为活跃的时期之一。

在这段时间里，他为河东节度使郑儋写了神道碑文，为御史大夫灵州节度使李栾妻息国夫人写了墓志铭，为殿中侍御史李虚中写了墓志铭，为试大理评事胡明允写了墓铭，为乌重胤的父亲写了庙碑，为董晋之子溪写了墓铭，为田弘正之父写了先庙碑铭。韩愈是位写碑志文的高手，他能在不太长的篇幅内历叙传主的家世，概括其生平，对史料进行巧妙的组织剪裁，故多受请托。这些碑志不仅是私人传记，又具有很强的文学性，还具有很

高的史传价值。他往往能挑选最典型的事件把人物写活。他一生
所写七十多篇碑志中，有一小部分有"谀墓"之嫌，但多数是符
合实际的。尤其是他为那些有才能、有气节，屈抑下位或遭遇坎
坷的各种人物写的碑志，不仅把人物写得神采飞扬，栩栩如生，
同时还寄托了作者的爱憎和同情，为他们鸣不平，很有真情实
感，十分动人。《柳子厚墓志铭》可为代表。更值得注意的是元
和八年十一月三日，皇上下诏命丞相武元衡、李吉甫、李绛召他
至政事堂，传达皇帝的诏书，命韩愈为魏博节度使、银青光禄大
夫、检校工部尚书，兼魏州大都督府长史、御史大夫、沂国公田
弘正先庙写碑铭①。当时为史官者并非韩愈一人，而三位执政宰相
同奉宪宗皇帝之诏，召见韩愈，把此项皇上都看作大事的任务交
给他，可见宪宗、宰臣们对他的重视和他此时名气之大。由此，
不难意识到，他这个时期的交往，特别是与朝廷重臣的交往之多
了。细审起来，这时韩愈的官位并不高，职务也不算重，他能获
此殊荣，受到如此的重视，显然与他崇高的文品和人品有关。

　　基于对韩愈的信任，柳宗元和元稹都向韩愈提供了生动的传
记材料，请韩愈为忠臣节士立传。柳从永州寄来反映段秀实除暴
安民，拒收贿赂，反对藩镇跋扈的事迹；赞颂他刚勇仁厚，清廉
正直的品格的《段太尉逸事状》，他还写了《与史官韩愈致段秀
实太尉逸事书》。元稹因为得罪宦官，元和五年贬官江陵，与甄
济的儿子甄逢交友，了解了甄济父子的事迹：天宝年间甄济隐居

_____

① 《韩昌黎全集》卷二十六《魏博节度观察使沂国公先庙碑铭》。

青岩山，采访使苗公等五人再三推荐，多次征召，任左拾遗。遇安禄山来京师朝奏，再三向玄宗请求要甄济做自己的宾介，玄宗答应了。天宝十二载（753），甄济见安禄山露出反叛苗头，假装哑巴，又回到青岩隐居。后安禄山果然反叛，随即派遣叛军节度使蔡希德持刀逼甄投降，否则就杀了他。甄济闭口无言，延颈承刀，气色非常平和镇定。蔡被他的高义感动，放了他，安禄山始终无法使他归降。安禄山死后，其子庆绪继续叛乱，俘虏了甄济并把他囚禁在东都洛阳安国寺。代宗收复洛阳，甄济得回朝廷。肃宗赞扬他的节义，授予官职。他的儿子甄逢能继承父志，勤学立行。元稹满怀热情地把甄济父子的事迹推荐给史官韩愈，希望他将此事编入史册，永传后世。韩愈得到元稹的书信，非常重视，当即写了《答元侍御书》，书中不但褒扬了甄济父子，也对元稹的"抗直喜立事，斥，不得立朝，失所不自悔，喜事益坚"及"乐道人之善"大加称赞，大加勉励。他还把"乐道人之善"与《春秋》大义联系起来，指出："夫苟能乐道人之善，则天下皆去恶为善。"可见他是把史官的褒善抑恶与改善社会风气、维护儒家道统联系在一起的。抗颜直谏，除恶扬善，是韩愈一生为人行事的准则，这在他任史官时也表现得很突出。

在韩愈任史官期间，发生了一件声闻朝野、影响后世的事件，即他与柳宗元等人的关于史官之争的事件。事情的起因是秀才刘轲向韩愈投书，对他任史官给予勉励，希望他勤于所务，做个名副其实的史官。这年六月九日，韩愈写《答刘秀才论史书》，表示感谢，并且发表了他对做史官及修史的看法；虽是牢骚，观点却是错误的。此书传至柳宗元处，他于元和九年（814）正月二十一日写了《与韩愈论史官书》，对韩愈的错误观点提出严厉批评。韩愈在书中历数自孔子到魏收，历代史官的遭遇后，得出为史官者"不有人祸，则有天刑"的结论，发出"岂可不畏惧而轻为之哉"的慨叹，柳宗元则指出：因为有刑祸避不肯就的想法尤为错误。修史本来就有褒贬，如果因为恐惧不敢修史，却又当了史官"扬扬入台府，美食安坐"，与那种"行呼唱于朝廷"的人有什么区别呢？如果官再做得大些，做到宰相，掌握着"生杀出入升黜天下士"的权柄，依然不敢褒贬，岂不是尸居其位？进而又直中肯綮地指出：因为天刑、人祸而避为史官，实质是为个人打算。且说：

> ……凡居其位，思直其道，道苟直，虽死不可回也。如回之，莫若亟去其位。……是退之宜守中道，不忘其直，无以他事自恐。退之之恐，唯在不直，不得中道，刑祸非所恐也。……

这是对韩愈的批评，也是对韩愈的勉励。柳宗元勉励韩愈发奋修史，坚持正道直行，不要顾虑其他。其次，他对韩愈在书中流露的迷信鬼神的观点，也加以批评。柳宗元在书的末尾充满感情地说：

> ……今学如退之，辞如退之，好议论如退之，慷慨

自谓正直行行焉如退之，犹所云若是，则唐之史述其卒无

可托乎？明天子贤宰相得史才如此，而又不果，甚可痛

哉！……①

柳宗元对韩愈的批评是尖锐的，希望是殷切的，从中也可以看出他们之间坦诚的友谊。当时柳宗元以戴罪之身贬官永州，如果不是出于对朋友的充分了解与信任，不是希望朋友勇敢地担当史职，决不会如此直言不讳。诚如柳宗元所说，韩愈这些错误观点并不是一贯的，他深知韩愈的为人。纵观韩愈一生为人行事，向以"发言真率，无所畏避"②著称。他无论在京内任职，还是远谪州县，都勇于敢为，政绩卓著，绝非委曲苟合、尸居其位之辈，岂肯不正道直行？从《顺宗实录》的撰写看，他是能够尊重历史事实，秉笔直书的。在朝野上下一致否定"永贞革新"，重罪其人，其间皇上和宰臣再三责令其修改的情况下，他能坚持主见，以史实为据，比较真实地反映出当时的历史面目，使后人对"永贞革新"能够有个正确看法，韩愈功不可没。

---

① 《柳宗元集》卷三十一《与韩愈论史官书》。
② 《旧唐书·韩愈传》。

随势官浮沉

《旧唐书·韩愈传》云：

> 愈性弘通，与人交，荣悴不易。少时与洛阳人孟
> 郊、东郡人张籍友善。二人名位未振，愈不避寒暑，称
> 荐于公卿间，而籍终成科第，荣于禄仕。后虽通贵，每
> 退公之隙，则相与谈燕，论文赋诗，如平昔焉。而观诸
> 权门豪士，如仆隶焉，瞪然不顾。而颇能诱厉后进，馆
> 之者十六七，虽晨炊不给，怡然不介意。大抵以兴起名
> 教弘奖仁义为事。凡嫁内外及友朋孤女仅十人。

孟、张为韩终身挚友。元和九年三月十三日，以太子少傅郑
馀庆检校右仆射、兴元尹、山南西道节度使，代赵宗儒为御史大
夫。郑馀庆即奏辟孟郊为兴元军参谋，试大理评事。孟郊赴兴元
前在洛阳有《赠韩郎中愈二首》："何以定交契，赠君高山石。何
以保贞坚，赠君青松色。"

韩愈有《江汉一首答孟郊》："……嗟余与夫子，此义每所

敦。何为复见赠？缱绻在不谖。”既是答复，又是祝贺。孟郊接郑馀庆辟命后，不仅感激，还想老骥伏枥，再干一番事业。郑馀庆对孟郊十分尊重，为东都留守时还亲自拜访孟郊老母。这次又招六十四岁的孟郊入幕，实属罕见。故孟郊《送郑仆射出节山南》（一作《酬郑兴元仆射招》）云：

> 国老出为将，红旗入青山。再招门下生，结束余病孱。自笑骑马丑，强从驱驰间。顾顾磨天路，裒裒镜下颜。文魄既飞越，宦情唯等闲。美他白面少，多是清朝班。惜命非所报，慎行诚独艰。悠悠去住心，两说何能删。

这首诗疑为孟郊生前的最后一首诗。不幸的是他赴任途次阌乡（今属河南灵宝市）时，暴病而卒，终年六十四岁，后葬洛阳先人墓。孟郊无儿无女，家贫如洗，实在无法安葬。郑馀庆特派樊宗师带钱赴东都料理丧事。韩愈在长安闻讯后，一面使人带钱去东都协办葬事，一面在自己府上设灵位祭吊，并招张籍等好友会哭，还写了《贞曜先生墓志铭》：

> 唐元和九年，岁在甲午八月己亥，贞曜先生孟氏卒。无子，其配郑氏以告，愈走位哭，且召张籍会哭。明日使以钱如东都供葬事，诸尝与往来者咸来哭吊，韩氏遂以书告兴元尹故相馀庆。闰月，樊宗师使来吊，告

葬期，征铭。愈哭曰："呜呼，吾尚忍铭吾友也夫！"兴元人以币如孟氏赙，且来商家事。樊子使来速铭，曰："不则无以掩诸幽。"乃序而铭之。

先生讳郊，字东野。……生六七年，端序则见，长而愈骞，涵而揉之，内外完好，色夷气清，可畏而亲。及其为诗，刿目钵心，刃迎缕解，钩章棘句，掐擢胃肾，神施鬼设，间见层出。唯其大玩于词而与世抹摋，人皆劫劫，我独有余。……

十月庚申，樊子合凡赠赙而葬之洛阳东其先人墓左，以余财附其家而供祀。将葬，张籍曰："先生揭德振华，于古有光，贤者故事有易名，况士哉？如曰'贞曜先生'，则姓名字行有载，不待讲说而明。"皆曰："然。"……

事毕后，韩愈向郑馀庆回告，《与郑相公书》云：

……旧与孟往还数人，昨已共致百千已来，寻已至东都，计供葬事外尚有余资。今裴押衙所送二百七十千，足以益业，为遗孀永久之赖。……

又云：

……孟之深友太子舍人樊宗师，比持服在东都，今已外除，经营孟家事，不啻如己；前后人所与及裴押

衙所送钱物，并委樊舍人主之，营致生业，必能不失

利宜。……

元和九年秋，彰义军节度使吴少阳病逝，其子吴元济秘不

发丧，擅自承袭父职，欲反叛朝廷。他在蔡州私聚亡命之徒，收

养马骡，四处出兵，侵略邻郡，屠舞阳，烧叶县，掠夺襄城、阳

翟。许州、汝州一带百姓纷纷逃命他乡，很多人曝尸荒野。吴元

济还扬言，要联合韩弘、李师道、王承宗等藩镇将领进攻洛阳，

西取长安。关东各地皆震骇，人心惶惶，举国不安。吴元济还派

人四处把守，对朝廷封锁消息，如有泄露情况者，立即杀死，朝

廷派去的使者也都扣留。吴少阳旧部、现任彰义军判官的杨元卿

扮成百姓，混进难民中才得逃脱，向宪宗报告真情。吴元济知道

后杀死了他的妻子和四个儿子，砍下他们的头颅，盛入匣中潜入

长安送给杨元卿，以示警告，并将劝他归顺朝廷的妹夫苏兆活活

勒死。皇上震怒，传旨削除吴元济一切官爵。

同年十二月十五日，韩愈以考功郎中知制诰。考功郎中从五

品上，属吏部，掌百官功过事迹；知制诰，代皇帝起草诏令。唐

代知制诰本从中书舍人中选充，后来也常用翰林学士及其他文官

代行其职，称为某官知制诰。韩愈以考功郎中代行其职，故称考

功郎中知制诰。他担任此职跨三个年头，到元和十一年正月二十

日升任中书舍人，前后相加大约历时十五个月。这段时间朝中中

心大事就是对淮西用兵的问题，时间长，牵涉面广，不仅是影响

中唐社会的重大事件，也成为检验各种政治力量的试金石。韩愈

始终站在维护唐王朝统一、反对割据、削弱藩镇势力的立场，和主战的武元衡、裴度等站在一起，写下他一生中光辉的一页。

元和十年春，宪宗颁诏传令十六道兵马，以宣武军节度使韩弘为都统，进讨吴元济，开始了长达三年之久的淮西大战。由于各路兵马心力不齐，各怀鬼胎，长时间没有进展，吴元济气焰更加嚣张。此时，淄青节度使李师道挟私愤勾结史思明旧部余党，潜入洛阳焚烧官军粮仓。镇州节度使王承宗也派使者到长安为吴元济说情，要求赦免吴元济，停止征讨，还所夺其官爵，朝中以宰相李逢吉为首的主和派也趁机散布停止征讨的言论。五月宪宗派御史中丞裴度到各道军营宣慰，实为视察用兵形势。裴度回朝向皇上奏对攻取之策，与帝意合，还对诸将的才能进行了评价。裴度的主张坚定了皇上征讨淮西的决心，宰相武元衡也是坚定的主战派，武、裴自然就成为藩镇割据势力和主和派的眼中钉了。于是淄青节度使李师道、镇州节度使王承宗遣盗刺杀武、裴的惨案发生了。在二人上朝途中，武元衡被突然冒出来的蒙面汉杀害。而裴度因其侍卫冒死相救，幸免一死。

惨案发生后，京城震惊，人心惶惶，天子辇毂之下竟一日内伤两股肱大臣。执政及禁卫军捕贼者迟迟不敢急追，东宫赞善大夫白居易出于义愤，上疏要求迅速捉拿盗贼，得罪了执政，被贬江州（今江西九江市）司马。宰相李逢吉重弹罢兵老调，群臣议论纷纷，莫衷一是，兵部侍郎许孟容上言宪宗："自古未有宰相横尸路隅而盗不获者，此朝廷之辱也！^①"建议起用裴度为相，大索奸党，穷其奸源。六月六日，宪宗下诏悬赏捕捉凶手：凡中外捕获暗杀宰相及中丞者，赏钱一万贯，封五品官；庇匿者，举族屠诛。于是京城大张旗鼓捕捉凶手。后神策军将领王士则等捕获河北王承宗部张宴等八人，凶手供出是王承宗指使，宪宗令斩杀张宴等五人，朝廷给了王士则、王士平五品官，却未按悬赏告示付给赏钱。韩愈认为这样就会失去信用，不利于大局。于是上了《论捕贼行赏表》，指出：如果赏钱不兑现，众人就会产生疑惑，难测圣心，还会认为朝廷爱惜那点钱而不守信用。这不利于收淮西、平两河："自古以来，未有不信其言而能有大功者，亦未有不费少财而能收大利者也。"

元和十一年（816）正月二十日，韩愈以考功郎中知制诰升任中书舍人；三十日，赐绯鱼袋。中书省舍人六员，正五品上，掌管诏令、侍从、宣旨、接纳上奏文表等事，是皇帝身边近臣。这时期朝中和战之争激烈，韩愈旗帜鲜明地主张对淮西用兵，征讨吴元济：上《论淮西事宜状》分析淮西形势，提出具体措施，云：

> ……况以三小州残弊困剧之余，而当天下之全力？其破败可立而待也；然所未可知者，在陛下断与不断耳。夫兵多不足以必胜；必胜之师，必在速战。兵多

---

① 《资治通鉴》卷二百三十九。

而战不速，则所费必广。两界之间，疆场之上，日相攻劫，必有杀伤。近贼州县，征役百端，农夫织妇，不得安业。或时小遇水旱，百姓愁苦。当此之时，则人人异议以惑陛下之听，陛下持之不坚，半涂而罢，伤威损费，为弊必深。所以要先决于心，详度本末，事至不惑，然可图功。为统帅者，尽力行之于前；而参谋议者，尽心奉之于后：内外相应，其功乃成。……《传》曰："断而后行，鬼神避之。"迟疑不断，未有能成其事者也。……

此文里还针对用兵、抚民、持久、坚进及处理周边关系等提出六项具体建议，堪称锦囊妙计。可见韩愈作为思想家的远见卓识和军事家的谋略眼光。后来淮西大战取得胜利，实施的战略思想多与之暗合。

此时，朝廷重臣中主和势力占上风，裴度卧病在家。有人上言，说这件事是由武元衡、裴度引起的，不如罢了裴度官职，以平息藩镇之怒。有的大臣慑于宰相李逢吉威势，不敢仗义执言。宪宗对此十分生气，说："度得全，天也。若罢之，是贼计适行。吾倚度，足破三贼矣！[①]"

在朝议多主张罢兵的形势下，韩愈上此《论淮西事宜状》，勇敢地支持了裴度，促使宪宗当机立断，却遭到了李逢吉的嫉

---

① 《新唐书》卷一百七十三《裴度传》。

恨，但因皇上主张用兵，不便以此处分他。于是，李逢吉便从十多年前的一件小事中找了个碴儿，于元和十一年五月，将韩愈改任为太子右庶子，把他赶出了朝廷①。此官官阶为正四品下，比中书舍人官阶高，但因它是有职无权的东宫闲官，不比中书舍人位近皇上，掌管朝廷奏章，可以直接影响舆论，参议朝政大事。

---

① 《旧唐书》卷一百六十《韩愈传》云："俄有不悦愈者，撼其旧事，言愈前左降为江陵掾曹，荆南节度使裴均馆之颇厚，均子锷凡鄙，近者锷还省父，愈为序饯锷，仍呼其字。此论喧于朝列，坐是改太子右庶子。"

七

平淮西建功军旅

元和天子神武姿，彼何人哉轩与羲。誓将上雪列圣耻，坐法宫中朝四夷。……行军司马智且勇，十四万众犹虎貔。入蔡缚贼献太庙，功无与让恩不訾。……公之斯文若元气，先时已入人肝脾。汤盘孔鼎有述作，今无其器存其辞。呜呼圣皇及圣相，相与烜赫流淳熙。公之斯文不示后，曷与三五相攀追？愿书万本诵万过，口角流沫右手胝。传之七十有二代，以为封禅玉检明堂基。

——李商隐《韩碑》

平"淮西之乱"

刺杀武元衡、裴度事件发生后，宰相李逢吉等以讨伐吴元济三年，师久无功、劳民伤财、国库枯竭为理由，请求罢兵，朝廷中和战之争达到白热化程度。唐宪宗却对平淮西态度十分坚决，元和十二年（817）七月二十九日，他下诏决定再度出师讨伐吴元济：

> 朝议大夫、守中书侍郎、同平章事、飞骑尉、赐紫金鱼袋裴度，为时降生，协朕梦卜，精辨宣力，坚明纳忠。当轴而才谋老成，运筹而智略有定。司其枢务，备知四方之事；付以兵要，必得万人之心。……可门下侍郎、同中书门下平章事、蔡州刺史，充彰义军节度、申光蔡观察等使，仍充淮西宣慰招讨处置使。[1]

---

[1] 《旧唐书》卷一百七十《裴度传》。

鉴于此前征讨淮西失利的教训，裴度请求皇上允准三件事：第一件，过去凡执政大臣与朝士往来，皆有宦官刺探密奏，为了避祸，宰臣往往不敢在私第见客。今盗贼未平，朝廷宜招揽四方贤才，参议政事，请允许臣在私第见客。第二件，前番失利，皆因缺乏忠心忧国之人，且大臣中多掣肘者，兵虽多而不精，将虽广而心不齐。今将平淮之事全权付臣，则由臣组建平淮班子，前敌之事由臣做主；大臣官宦皆应全力支持，但有阴谋阻挠者，立加严惩。第三件，请求让韩愈做副帅，此人有勇有谋，耿直无忌，敢于承担责任。有他参谋总理军务，淮西之胜更有把握。宪宗一一答应了裴度的要求。诏命韩愈以太子右庶子身份充当行军司马、兼御史中丞，赐三品服。行军司马为军中要职，地位相当于副帅，可总参军务。裴度还奏请以刑部侍郎马总为副使，司勋员外郎李正封、都官员外郎冯宿、礼部员外郎李宗闵兼侍御史、节度使判官、掌书记。以郾城（今属河南)为蔡州行营，平淮西的总指挥部便设在这里。班子组成后，宪宗下令，命裴度八月一日率人马发蔡州行营郾城。宪宗为了裴度的安全，还特命三百名神策军做护卫。出发这一天，宪宗亲自到长安通化门送行。通化门外，旌旗招展，军乐震响，宪宗率满朝文武百官相送，将坛祭拜天地之后，裴度一声令下，韩愈与诸将跨上战马，一路路身披铠甲、荷戟持盾的兵士，迈着威武矫健的步伐出发了。裴度跪辞，含着眼泪对宪宗说："主忧臣辱，义在必死。贼灭，则朝天有日；贼在，则归阙无期。"①宪宗又特赐犀牛角饰制的腰带，以示鼓励。韩愈也意气高扬，充满信心，满怀激情地写下《赠刑部马侍郎》：

> 红旗照海压南荒，征入中台作侍郎。暂从相公平小
> 寇，便归天阙致时康。

裴度与诸吏、众将率大军别京城，出潼关，直奔蔡州行营。过潼关后，韩愈向裴度提出自己先去汴州观察韩弘的建议，欲说服韩弘同力平蔡。裴度同意韩愈先去汴州，只是心系韩愈安危、军情之急，一再叮嘱韩愈速去早回。韩愈怕韩弘产生疑心，未多带随从。他策马扬鞭，直奔汴州。路过古战场广武鸿沟，有感于当前的形势，抚今追昔，吟出了《过鸿沟》诗：

> 龙疲虎困割川原，亿万苍生性命存。谁劝君王回马
> 首，真成一掷赌乾坤。

此诗表达了他平蔡的决心。韩愈半生为维护国家的统一，反对藩镇割据。此番从征，正可施展抱负，报效国家。韩愈单骑入汴，说服了韩弘。

----

① 《旧唐书》卷一百七十《裴度传》。

淮西获大捷

　　裴度坐镇郾城督战，令六将分北、南、东、西对蔡州四面合围。按老规矩，诸道兵马都有中使监阵，进退不由主将做主，战胜则先派使献捷，偶有创挫，便要受到监军百般凌辱斥责，不利于调动积极性。裴度下令废除此制，兵权皆授主将，极大限度地给主将以用兵主动权。于是众皆喜悦，士卒奋勇，争相立功，军法严肃，号令划一，出战皆捷。李光颜、乌重胤、韩公武部攻其北，大战一十六次，占领营寨城县二十三处，降敌四万余人；李道古攻其东南，战八次，降敌一万三千，攻入申州，破其外城；李文通战其东，十余战，降敌一万二千人；李愬攻其西——仅两个月，就取得了平淮西叛贼的决定性胜利。

　　韩愈到行营后，一直紧随裴度左右，帮助制订作战方案。落实战斗布置，协调各道部队，到处奔波，虽劳碌辛苦，却情绪高昂。晚秋九月的一天夜里，他处理完当天的军务，就和司勋员外郎李正封在营帐里聊天。李正封能诗，又同在淮西前线，二人诗兴大发，竟吟就了一首长达百韵的联句诗《晚秋郾城夜会联句》。这首联句诗激昂慷慨，有中夜起舞之意。李、韩二人看似斗诗，实为论兵。除开头八句为引子，写从军之乐，以下可分前后两部分。前写对淮西出师用兵，后写战斗结束后的设想。"雪下收新息，阳生过京索。"预见到贼势日促，行且就擒，官军成功，计日可待。联句中还写道：胜利之后除论功行赏外，最重要的就是安定淮西百姓："天子悯疮痍，将军禁卤掠。""存安惟恐晚，洗雪不论昨。暮鸟已安巢，春蚕看满箔。""江淮永清晏，宇宙重开拓。"由于后来事态的发展多与诗意相偶合，以至于后世的研究者甚至认为这首诗是凯旋后回京之作。说是回京之作，当然不对，是没有真正读懂诗意。不过，从这首联句诗中，的确可以看出韩愈的战略眼光。

斗转星移，转眼到十月初冬季节。北风呼啸，寒气袭人。深夜，郾城行营里裴度与韩愈还在商议军计。韩愈请求裴度拨给他精兵五千，从小道插入，生擒吴元济。裴度觉得此计甚妙，只是韩愈担司马重任，为身边智囊，随时参议军机，须臾不能离开，攻城人选还要计议。正好这时李愬攻克蔡州外围，捉得贼将李祐。李祐感报李愬不杀之恩，为李愬献计乘虚入城。李愬报告了李祐的计策，正与韩愈不谋而合，这最后一个攻坚战就决定交给李愬。李愬连夜布置：命李祐、李忠义率突击将士三千为先锋，乘黑夜急行军六十里，至张柴村，杀叛军戍卒，占领据点，然后留五百人镇守，切断叛军从洄曲及各交通要道来的援兵，其余由李祐率领与中军会合。命田进诚率三千人殿后。李愬自己亲率中军，令他们稍事休息，吃饱肚子，备好战马，磨利刀枪，连夜急行七十里，直取蔡州。四更天，城上老弱守卒熬不过，昏昏

睡去，李愬士兵从雉堞爬上城墙，杀死反抗戍卒，命令打更戍卒
继续击柝，报告平安无事。李祐令人打开城门，李愬率军入城。
天将亮，李愬率军打进吴元济外宅。吴元济正在酣睡，闻报，还
以为是那些俘虏又抢东西。此时外面传来阵阵官军号声，只听喊
杀声连天动地，吴元济才醒过神来，慌忙奔到大厅披甲执戟，可
是为时已晚。天亮时，吴元济宅牙城城门外，官军点火烧城门，
众百姓纷纷抱来柴草支援。吴元济爬上牙城墙头，只见军马围得
水泄不通，刀枪剑戟林立，箭矢如云，牙城城门被撞开，军民拥
入，吴元济束手就擒。

元和十二年十月二十三日，大军攻下蔡州城，二十五日裴
度率行营官员、随侍及万余降卒入蔡州城。蔡州城中一派喜气
融融，百姓们焚香鸣炮，敲锣打鼓，舞狮赛龙，高跷旱船，走上
街头，庆贺官兵收复蔡州。吴元济官衙如今已作官军行营。李愬
向裴度禀报：蔡州收复后，已令本部官兵，不杀一人，凡吴元济
帐下官吏、军卒、用人，皆复其职，使之不疑，以利安定民心。
裴度赞赏这种做法，下令：首恶必办，胁从不究。将吴元济装上
囚车，押入京城，交皇上处理。韩愈建议说：朝廷已派杨元卿前
来，告知吴元济囤积珍宝之处。平淮西，旨在为民除害，珍宝非
我等所求。蔡州连年战乱，地瘠人贫，应将此珍宝钱财，用于赈
济。裴度采纳此意见，宣布：淮西州县百姓免除赋役，以利休养
生息。陈、许、颍、唐四州皆因与蔡州毗邻，连年遭受侵略，亦
免征来年夏季税收。官军战亡者，皆令收葬，供给其家五年衣
粮；因战伤残废者，赡养终身。吴元济府中诸差役，亦在各职应

差，只要改邪归正，则既往不咎。裴度宣布的这一系列安抚政策得到广大百姓，包括归顺官军的吴元济部下的拥护。人们奔走相告，焚香叩拜，感谢官军的大恩大德。蔡州叛乱的平定，结束了长期战乱给人民带来的苦难。裴度宣布的这一系列安抚措施，在中唐历史上写下了光辉一页。

韩愈回到住所，有一位民间老者柏耆求见，并表示：当年王承宗之父曾跟自己读书，他们父子对自己还有几分敬畏，愿以老迈之躯，前往说服王承宗。韩愈当即奏明裴度修书一封，请柏耆前往说服王承宗。元和十二年十月，为时四年的淮西平叛取得胜利，朝野震动。柏耆劝说王承宗成功，慑于朝廷威力，王承宗请求以二子入京为皇上效命，并将德州、棣州献归朝廷。沧景、义武等藩镇也纷纷入朝归顺。至此，安史之乱后，割据六十余年的两河之地，又归服中央。韩愈在这次平叛中自始至终支持裴度，亲随出征，建立了不世之功，也展现了他儒者的军事才能。

撰平淮西碑

　　淮西大捷，举国欢腾，罪魁祸首吴元济被押至长安斩首，献祭太庙，妻沈氏没入掖庭，弟二人、子三人皆流放三千里外。原蔡州军卒及下级将官，愿留下的依例编入官军，不受歧视。凡愿回乡与家人团聚从事农耕的发给盘缠费用。蔡州官员除首恶必办外，一切随从官员皆赦宥，各安其职。百姓生活安定后，很快呈现出正常繁荣的局面；蔡州军卒原有三万五千人，大部分是吴元济逼使迫挟的农民，十有八九愿回乡从事农桑，裴度宣布放还，促进了农业的恢复发展。元和十二年十一月二十三日，诏命淮西宣慰副使、刑部侍郎马总为彰义军节度留后。十一月二十八日，裴度率韩愈等部从奉命班师回朝。

　　一路上，韩愈诗情奔涌，别蔡州、过襄城、经汝州神龟驿，韩愈总和能诗的李正封并辔而行，一有所感，或独作，或唱和，兴致很高。将至潼关，宿桃林，传达诏书的使者连夜驰来，诏敕彰义军节度、淮西宣慰处置使、门下侍郎、同平章事裴度守本官，赐上柱国、晋国公、食邑三千户，使者把命珪和相印授予裴度。韩愈写了《桃林夜贺晋公》诗祝贺："西来骑火照山红，夜宿桃林腊月中。手把命珪兼相印,一时重叠赏元功。"再西行便到潼关,韩愈连成《次潼关先寄张十二阁老使君》:"荆山已去华山来,日照潼关四扇开。刺史莫辞迎候远,相公亲破蔡州回。"

《次潼关上都统相公》:"暂辞堂印执兵权,尽管诸军破贼年。冠盖相望催入相,待将功德格皇天。"

后一首的都统指裴度,后二句点明催裴度快点回朝入相,以"佑我烈祖,格于皇天"为喻。"格皇天"即革除君心之非、匡正朝纲之事,说明回朝后还有很多事等着宰相去做,表达了他的远见及对国事的关心。

裴度率部行程一千四百余里,历时约二十日,于十二月中旬回到京城长安。来去四个多月,结束了淮西这场战争,打击了藩镇割据势力,维持了唐王朝的统治,这是中唐历史上的一件大事。

含元殿里,皇上喜气洋洋,坐在龙椅上接受群臣朝贺。除上述对裴度的封赏外,出征有功之臣一一加官晋爵:宣武节度使韩弘加侍中,李愬为左仆射,韩愈升任刑部侍郎,李光颜、乌重胤皆加司空。刑部侍郎属尚书省,正四品下,掌管天下刑法及徒录、勾覆、关禁政令。

丹凤楼上,天子大宴群臣,宣布大赦天下,群臣同声称赞宪宗皇帝英明盖世,功高无比。宪宗要立一块平淮西碑,诏宰臣传令韩愈撰写碑文。韩愈遵旨撰写了《平淮西碑》,这就是被后世文史界称道的"韩碑"。韩愈奉敕撰写碑文,格外慎重,经七十日酝酿,操笔写作,于元和十三年三月连同《进撰平淮西碑文表》一同进呈宪宗皇帝。碑文中的序文部分既突出了当今天子圣明敢断，又表彰了诸将之功；铭文用四言韵文形式歌颂淮西大捷，是关于淮西平叛最早成文的珍贵文献，堪称辞事相称的佳制。序中写道："颜、胤、武合攻其北，大战十六，得栅城县二十三，降人卒四万。道古攻其东南，八战，降万三千，再入申，破其外城。文通战其东，十余遇，降万二千。愬入其西，得贼将，辄释不杀，用其策，战比有功。……十月壬申（十六日），愬用所得贼将，自文城因天大雪疾驰百二十里，用夜半到蔡，破其门，取元济以献，尽得其属人卒。辛巳（二十五日），丞相度入蔡，以皇帝命赦其人。淮西平，大飨赉功；师还之日，因以其食赐蔡人。凡蔡卒三万五千，其不乐为兵愿归为农者十九，悉纵之。斩元济于京师。"其铭文赞道："（淮西之平，）各奏汝功……'诛止其魁，释其下人。'蔡之卒夫，投甲呼舞；蔡之妇女，迎门笑语。……选吏赐牛，教而不税。……蔡人有言，天子明圣；……淮蔡为乱，天子伐之；既伐而饥，天子活之。始议伐蔡，卿士莫随；既伐四年，小大并疑。不赦不疑，由天子明；凡此蔡功，惟断乃成。既定淮蔡，四夷毕来；遂开明堂，坐以治之。"

宪宗皇帝阅后表示满意，命有司镌刻于大石，又诏令将该碑文所抄副本分送韩弘、李光颜、乌重胤、韩公武、李道古、李文通、李愬等有功将领。诸人皆无异议，并主动提出出五百匹绢，请韩弘代表大家赠送韩愈，以表谢意。韩愈不敢收，向皇上呈了《奏韩弘人事物表》：

　　右臣先奉恩敕撰《平淮西碑文》，伏缘圣恩，以碑本赐韩弘等；今韩弘寄绢五百匹与臣充人事，未敢受领，谨录奏闻，伏听进止。谨奏。

　　宪宗阅后，同意他受领韩弘等所送绢，并命朝官第五文嵩到韩愈府中传旨允准。

　　元和十三年秋，一座三丈高的丰碑在蔡州城立起，底座神龟，碑顶蟠龙，拳头大字的《平淮西碑》在蓝天白云之下特别醒目。蔡州举行了隆重的立碑仪式。旌旗招展，韩弘亲临为它揭幕。

　　可是仅隔几个月，这篇呕心沥血写成的碑文便被磨掉了。宪宗李纯在淮西平定后志满意得，以为天下太平，可以高枕无忧，骄纵之情滋长，宠信近侍宦官吐突承璀、户部侍郎度支皇甫镈、盐铁转运使程异等一帮佞臣。他们用搜刮来的钱财贿赂吐突承璀，多方投宪宗所好，曲意逢迎，取得宪宗信任。宪宗欲将皇甫镈、程异二人都任命为相，遭到裴度等正直大臣的反对。裴度还揭发皇甫镈裁减淮西军粮之事，因此遭到皇甫镈、吐突承璀的嫉恨，他们在皇上面前挑拨离间，说裴度、崔群，当然也包括韩愈这伙人气味相投，关系不同一般，要皇上提防。又说裴度仗着平淮西有功，盛气凌人，连皇上也不放在眼里。皇上要用吐突承璀做行营兵马招讨使，裴度等又坚决反对，说自古以来没有用宦官做出征兵马大元帅的，并揭露吐突承璀收受皇甫镈的贿赂一事。吐突承璀更恨之入骨，不断地找机会向宪宗进谗言，说裴度他们专门与皇上作对。被胜利冲昏头脑的宪宗已辨不清善恶忠奸，听不进逆耳忠言，或者他就是觉得淮西平，南北顺，中兴大业告成，已不再需要这班主战功臣，有意压制他们。他干脆自作主张，同一天宣布拜皇甫镈、程异为相，使朝政落到奸佞与宦官之手。在皇甫镈的把持下，原来那些反对对淮西用兵的大臣又逐渐回到朝廷担任要职，韩愈《平淮西碑》中有些地方刺激了主和派的神经，李逢吉等人把此碑视为眼中钉，必欲毁之而后快。他们大造舆论，说韩愈碑辞不实，只歌颂裴度的功劳，把李愬摆的位置不合适，平蔡功劳李愬第一，却和李光颜、乌重胤并列。他们鼓动李愬的妻子和部下闹事，皇上震怒，下令磨掉韩愈所撰碑文，令段文昌重撰上石。

此案的直接原因，留传下来的文字记载说法虽有不同，但都说是李愬的亲近石烈士上诉于皇上，指责韩辞不实，记李愬功绩不公，突出裴度。究其深层原因，还是宪宗听信了反对裴度一派的谗言，为一己私欲，重撰碑文，以平衡、调和各派势力。这对裴度、崔群、韩愈等无疑是一次严厉的打击，也是主和派与吐突承璀等结合报复异己的一个信号，说明以贤相裴度为代表的政治力量已经失去宪宗信任，取而代之的是以吐突承璀、皇甫镈、程异这批奸佞小人相互勾结而形成的势力。唐宪宗想要实现的大唐中兴由此被破坏了！十余年之功，毁于一旦。

韩愈写的碑文虽被磨掉了，但却无法磨掉它在中国文学界、史学界的地位和在民间的影响。人们一直把它作为碑志文学的佳作加以推重。作者以儒学典籍《书》，尧舜二《典》，夏之《禹贡》，殷之《盘庚》，周之五《诰》，和《诗经》之《玄鸟》《长发》《清庙》《臣工》、二《雅》为楷模，以儒学大师的如椽之笔呕心沥血撰成。文字古雅，句奇语重，大笔淋漓，从史学意义上讲也是一篇珍贵的文献。段文昌重撰的碑文虽也保留下来，却无法取代"韩碑"的地位和影响。晚唐大诗人李商隐为此写了一篇很有名的诗叫《韩碑》，写道：

> ……公退斋戒坐小阁，濡染大笔何淋漓。点窜《尧典》《舜典》字，涂改《清庙》《生民》诗。文成破体书在纸，清晨再拜铺丹墀。表曰"臣愈昧死上"，咏神圣功书之碑，碑高三丈字如手，负以灵鳌蟠以螭。句奇语重喻者少，谗之天子言其私。长绳百尺拽碑倒，粗砂大石相磨治。公之斯文若元气，先时已入人肝脾。汤盘孔鼎有述作，今无其器存其辞。……

他把韩愈碑文比作汤盘、孔鼎。盘鼎碑石可以消失，而其辞则永垂后世，可见评价之高。

谏佛骨再贬岭南

文起八代之衰，而道济天下之溺；忠犯人主之怒，而勇夺三军之帅。此岂非参天地，关盛衰，浩然而独存者乎？盖尝论天人之辨，以谓人无所不至，惟天不容伪。智可以欺王公，不可以欺豚鱼；力可以得天下，不可以得匹夫匹妇之心。故公之精诚，能开衡山之云，而不能回宪宗之惑；能驯鳄鱼之暴，而不能弭皇甫镈、李逢吉之谤；能信于南海之民，庙食百世，而不能使其身一日安于朝廷之上。盖公之所能者，天也；所不能者，人也。

——苏轼《潮州韩文公庙碑》

上表论佛骨

宪宗李纯佞佛，有历史与现实的原因。李纯即位后，面对藩镇割据及朝廷内部的混乱局面，想通过自己的努力使这种局面得以改变。他认为要使藩镇归服王朝，必须使他们去掉私欲，因此佛教所宣扬的清净无欲便成为他理想的良药。早在元和六年春，他就命谏议大夫孟简、给事中刘伯刍、工部侍郎归登、右补阙萧俛等在丰泉寺翻译《大乘本生心地观音经》，李纯阅后，亲自作序。从《序》文中可以看出李纯的思想：一、认为佛法有辅于时，有裨于理，是济时之法。二、把自己与法王相提并论：励精以思，倡行无为之益，无为而治。三、崇佛教，认为它是西方神人大教，可以不灭不生。基于这种认识，他在刚刚平息吴元济、李师道之后，就更加醉心于佛而求长生。元和十三年十一月，方士柳泌对宪宗说："天台山神仙所聚，多灵草，臣虽知之，力不能致，诚得为彼长吏，庶几可求。"李纯即传旨命柳泌做台州（今浙江临海市）刺史，并赏赐紫服金带，以示恩宠。谏官争论奏，认为："人主喜方士，未有使之临民赋政者。"宪宗说："烦一州之力而能为人主致长生，臣子亦何爱焉！"

　　这年腊月，凤翔扶风法门寺功德使求见，说："凤翔法门寺塔有佛指骨，相传三十年一开，开则岁丰人安。来年应开，请迎之。[①]"此时的李纯被淮西大捷的胜利冲昏头脑，骄纵淫逸，醉心长生，求助于神佛保佑。于是元和十四年正月，派宦官杜英奇带领三十名宫女，手捧鲜花，到凤翔扶风法门寺奉迎佛骨。后佛骨迎入大内，宪宗李纯亲设祭坛拜祭。

　　夜晚，韩愈回到长安靖安里的家中，在书房里凝神思考。白天他目睹了长安城从皇宫到官府、从天子到百姓拜迎佛骨的狂热和那些乌烟瘴气的情景，痛心疾首。回想到前不久与李翱、张籍、贾岛为李渤送行的情景，不觉长吁短叹。当年高士李渤听了韩愈的劝告，舍隐入仕，来到长安京华之地，想为大唐中兴尽一份力。八年间人事变化如此之大，柳宗元、刘禹锡再贬远郡，孟郊、李贺相继弃世。李渤怀着中兴的希望应召入朝，做一名谏官，以为能遇明主，采纳忠谏，扬善抑恶，补察缺失。却不料皇上自淮西凯旋之后，一天天骄奢淫逸，不到半年工夫，竟然判若两人。李渤上疏揭露皇甫镈、程异聚敛媚上，坑害百姓，要求皇上降诏杜绝弊政，宽减民赋，皇上不但不听，反要将他降职贬官，李渤一气之下辞官归隐。自古道：大功之后，逸欲易生。如今又起用道士、大搞礼佛，劳民伤财，败坏世风。想那大唐中兴，再回到贞观之治、开元盛世的理想怕是要成泡影了。韩愈茫茫然，感到有一股火山爆发般的激流在胸中冲突，强烈的责任感

———————————

[①] 《资治通鉴》卷二百四十。

促使他秉笔作书，写下《论佛骨表》。

第二天早朝，李纯在宣政殿接受百官的朝见。他说昨夜在梦中看见佛祖舍利大放光明，照得寝宫一片辉煌。于是吐突承璀等一帮谗谀之臣乘机奉承，这使李纯非常开心，群臣拜贺。而韩愈却向皇上呈进了《论佛骨表》，道：

臣某言：伏以佛者夷狄之一法耳。自后汉时流入中国，上古未尝有也。昔者黄帝在位百年，年百一十岁；少昊在位八十年，年百岁；颛顼在位七十九年，年九十八岁；帝喾在位七十年，年百五岁；帝尧在位九十八年，年百一十八岁；帝舜及禹年皆百岁。此时天下太平，百姓安乐寿考，然而中国未有佛也。其后殷汤亦年百岁，汤孙太戊在位七十五年，武丁在位五十九年；书史不言其年寿所极，推其年数，盖亦俱不减百岁。周文王年九十七岁，武王年九十三岁，穆王在位百年：此时佛法亦未入中国，非因事佛而致然也。汉明帝时，始有佛法，明帝在位才十八年耳。其后乱亡相继，运祚不长。宋、齐、梁、陈、元魏已下，事佛渐谨，年代尤促。惟梁武帝在位四十八年，前后三度舍身施佛，宗庙之祭，不用牲牢，昼日一食，止于菜果，其后竟为侯景所逼，饿死台城，国亦寻灭。事佛求福，乃更得祸。由此观之，佛不足事，亦可知矣！

高祖始受隋禅，则议除之。当时群臣材识不远，

不能深知先王之道、古今之宜，推阐圣明，以救斯弊，
其事遂止，臣常恨焉。伏惟睿圣文武皇帝陛下，神圣英
武，数千百年已来，未有伦比。即位之初，即不许度人
为僧尼道士，又不许创立寺观，臣常以为高祖之志，必
行于陛下之手。今纵未能即行，岂可恣之转令盛也？
今闻陛下令群僧迎佛骨于凤翔，御楼以观，舁入大内，
又令诸寺递迎供养。臣虽至愚，必知陛下不惑于佛，作
此崇奉，以祈福祥也。直以年丰人乐，徇人之心，为京
都士庶设诡异之观，戏玩之具耳。安有圣明若此，而肯
信此等事哉！然百姓愚冥，易惑难晓，苟见陛下如此，
将谓真心事佛，皆云："天子大圣，犹一心敬信；百姓
何人，岂合更惜身命？"焚顶烧指，百十为群；解衣散
钱，自朝至暮；转相仿效，惟恐后时；老少奔波，弃其
业次。若不即加禁遏，更历诸寺，必有断臂脔身以为供
养者。伤风败俗，传笑四方，非细事也。

夫佛本夷狄之人，与中国言语不通，衣服殊制，口
不言先王之法言，身不服先王之法服，不知君臣之义，
父子之情。假如其身至今尚在，奉其国命，来朝京师，
陛下容而接之，不过宣政一见，礼宾一设，赐衣一袭，
卫而出之于境，不令惑众也。况其身死已久，枯朽之
骨，凶秽之余，岂宜令入宫禁？孔子曰："敬鬼神而远
之。"古之诸侯行吊于其国，尚令巫祝先以桃茢祓除不
祥，然后进吊。今无故取朽秽之物，亲临观之，巫祝不

先，桃苅不用，群臣不言其非，御史不举其失，臣实耻之。乞以此骨付之有司，投诸水火，永绝根本，断天下之疑，绝后代之惑，使天下之人知大圣人之所作为，出于寻常万万也。岂不盛哉！岂不快哉！佛如有灵，能作祸祟，凡有殃咎，宜加臣身；上天鉴临，臣不怨悔。无任感激恳悃之至，谨奉表以闻。臣某诚惶诚恐。

李纯阅后勃然大怒，尤其"事佛求福，乃更得祸"二句，更是触犯忌讳。他拍案而起，要将韩愈处以极刑。满朝文武纷纷跪下请求皇上息怒。裴度、崔群等人纷纷谏道："愈虽狂，发于忠恳，宜宽容以开言路。①"因为韩愈的为人及影响，众大臣及皇亲国戚也都为韩愈求情，李纯也觉得佛祖开光之日，尤其忌杀，不如赦免了他，以示宽厚仁德，遂下令免韩愈一死。于是，在皇甫镈等撺掇下，韩愈被贬到八千里外的东南海角潮州做刺史去了。

---

① 《资治通鉴》卷二百四十。

大雪拥蓝关

　　韩愈被贬，权臣与宦官便以犯官不应在京逗留为借口，逼他立即上路，这天正是元和十四年正月十四日。消息传来，重病的小女儿挐吓得说不出话来；韩愈虽然心痛，却无奈执法官凶恶地催逼，只得与卢夫人及全家老小洒泪而别。

　　天渐渐黑了下来，傍晚雪势更猛，朔风吹打着雪团，铺天盖地地飘落。韩愈在逼迫下步履艰难地穿街走巷，来到长安城东的灞桥边。灞水两岸植柳，人们自古有在此折柳赋诗赠别、寄托惜惋留别之意的风俗。如今正值隆冬，天寒地冻，昔日杨柳依依的景象全部被这一片茫茫的大雪埋没了。

　　桥头的客舍内，张籍、周况，还有几位崇拜韩愈的太学生，早已等待多时。他们是有意躲过权臣的追查，悄悄赶来为韩愈送行的。韩愈来到客舍，感激诸位的深情。张籍一边吩咐从人安排住处、马匹，一边摆上带来的酒菜，斟上酒，边吃边谈。张籍随口吟出为韩愈送行的诗《送南迁客》：

　　　　去去远迁客，瘴中衰病身。青山无限路，白首不

归人。海国战骑象，蛮州市用银。一家分几处，谁见日
南春。

韩愈和诗没有流传，不知是因即席畅饮，言辞太激，人们怕
传抄下来会给他加重罪名而未传，还是他的门人李汉在纂集时没
有收录。

真所谓有情叙谈嫌夜短，不觉天时已五更，韩愈辞别张籍等
要上路。张籍又送了韩愈一程，看看日近中午，且已快到蓝田县
地界，方才执手洒泪告别。韩愈一路前行，在蓝田青泥驿住了一
宿，第二天傍晚到达距蓝田县城南九十里的蓝田关。鹅毛大雪漫
天飞舞，厚厚的云层低压在山顶，飞雪打得人睁不开眼，辨不清
南北西东。韩愈牵着马和几个随员踏着没膝深的雪前行。他们跌
倒了爬起来，互相呼唤着以免丢失。蓝田关是通往商南大道的要
塞，山谷纵横，溪流交错，十分难行。偏又遇上这冰封雪饕的恶
劣天气，每前进一步都要花大力气。时值隆冬，滴水成冰，韩愈
和差役们却累得浑身汗透，呵气在胡子、眉毛上，结成了小小的
冰块。正在此时，突然传来一阵巨大的轰响，前面山崖上雪如水
泻，铺天盖地地滑下，马受了惊，一声长嘶，扑倒在地，怎么推
拉都起不来。这时雪下得更大了，他们被困在这雪山之中，情况
万分危急。

面对此情此景，韩愈想得很多：他十岁那年，因哥哥韩会
受元载案牵连，贬官韶州（今广东韶关市），举家由京城南迁，
第一次从这里经过。十五年前，也是这种大雪天，也是因为忠谏

得罪，被贬阳山，经过此地。如今第三次往岭南，当年和自己同行的亲人：兄嫂、老成侄儿、乳母、老家人韩忠，都一个个离开了人世。朋友张署也已作古。如今自己已是五十二岁的人了，这把老骨头将抛掷蛮荒，妻子儿女不能相顾，最让人放心不下的幼女挐儿，也不知怎样了，想到这里，他不由得老泪纵横，仰天长叹。此时忽听有人呼唤，韩愈又惊又喜，这深山野岭，谁在叫我？他正在诧异，只见一个眉清目秀的青年飘然而至，原来是侄孙韩湘。多亏韩湘搭救，韩愈等人脱离险境，登上山冈。韩愈俯视群山，百感交集，面对苍天大地，高声吟出了著名的七律《左迁至蓝关示侄孙湘》：

　　　　一封朝奏九重天，夕贬潮州路八千。欲为圣明除弊事，肯将衰朽惜残年。云横秦岭家何在？雪拥蓝关马不前。知汝远来应有意，好收吾骨瘴江边。

　　韩愈、侄孙湘等离开蓝田关，经商洛县、武关、河南邓州、湖北宜城，均感而有诗。并有《记宜城驿》，记里标明他到宜城为二月二日。韩愈一行从宜城继续南行，经夏口、岳阳，过洞庭，再由湘江乘船溯流而上。翻过五岭，便到韶州乐昌县的昌乐泷头。在泷头停船休息时，韩愈向泷头吏询问去潮州的情况，并有长诗《泷吏》记其事。由诗"南行逾六旬，始下昌乐泷"，知他到昌乐已是三月十五日了。诗借泷吏口，于嘲讽中正话反说，倾吐怨气：

> ……泷吏垂手笑：官何问之愚！譬官居京邑，何由知东吴？东吴游宦乡，官知自有由。潮州底处所？有罪乃窜流。侬幸无负犯，何由到而知？……

他说潮州是个恶劣的地方：

> ……下此三千里，有州始名潮。恶溪瘴毒聚，雷电常汹汹。鳄鱼大于船，牙眼怖杀侬。州南数十里，有海无天地。飓风有时作，掀簸真差事。……官无嫌此州，固罪人所徙。①……

不要嫌那地方不好，那里本来就是罪人去的地方。但韩愈毕竟与众不同，往往在悲苦里表现出豪壮气：

> 不觉离家已五千，仍将衰病入泷船。潮阳未到吾能说，海气昏昏水拍天。②

再乘船前行，沿北江南下，来到始兴江口，旧地重游，他不觉想起童年跟兄嫂在韶州度过的那两年的情景。如今自己子

---

① 《韩昌黎全集》卷六《泷吏》。
② 《韩昌黎全集》卷十《题临泷寺》。

然一身被逐出长安，贬到更为荒远的潮州，不觉百感交集，仰天长吟：

> 忆作儿童随伯氏，南来今只一身存。目前百口还相逐，旧事无人可共论。[①]

当时张蒙为韶州刺史，得知韩愈将到韶州治所所在地的府城，致书慰问。韩愈有《晚次宣溪辱韶州张端公使君惠书叙别酬以绝句二章》答谢。

桂管观察使裴行立、柳州刺史柳宗元听到韩愈被贬潮州的消息后，即托他们的好友元集虚（字克己，排行十八）捎来慰问书信及防瘴药物。元集虚从桂林至柳州，顺阳水、浔江、郁江，由清岐镇溯浈水北上，大约到清远（今属广东）与韩愈相遇。韩愈有《赠别元十八协律六首》，其六云"峡山逢飓风，雷电助撞捽"是回忆他们相遇之处，可知其时气候恶劣。峡山，一名中宿峡，在清远县境。后二人同行南至广州，在广州又遇台风，风暴浪狂，舟船不能过海口，便谒扶胥口南海神庙，眺望屯门，逗留旬日，依依不舍地分别，写下此赠别诗。诗中有：

> 吾友柳子厚，其人艺且贤。吾未识子时，已览赠子

---

① 《韩昌黎全集》卷十《过始兴江口感怀》。

篇。窎寐想风采，于今已三年。不意流窜路，兼旬同食眠。所闻昔已多，所得今过前。如何又须别，使我抱悁悁。（其三）

……临别且何言？有泪不可拭。（其二）

然而因风暴水险，行程困难，韩愈劝元十八就此止步。如诗云：

两岩虽云牢，木石互飞发。屯门虽云高，亦映波浪没。余罪不足惜，子生未宜忽。胡为不忍别？感谢情至骨。（其六）

为了朋友的安全，也只好就此挥泪而别了。

经过百余日的艰苦跋涉，韩愈等终于在元和十四年四月下旬到达潮州。

韩愈刚出京，权臣、宦官就以犯官家属为借口，责令韩愈的家眷立即出京，不得耽延。卢夫人苦苦哀求，因小女儿病重，天寒地冻，不宜路途颠簸，请求宽限几日，待孩子病情稍好再走，都不答应。卢夫人抱着病情危重的挐儿被驱逐出京，带着韩昶、韩滂等家人沿着韩愈走的道路一路追来，希望能赶上韩愈。没有几天，小女儿就病死在商南大山之中的层峰驿馆。草草收殓，埋在驿路南边的山下，直到之后韩愈回京途中，路经层峰驿馆，才看到幼女的孤坟。韩滂也因惊吓劳累，患了重病。卢夫人等追赶韩愈到韶州，得张蒙刺史关照，把他们留下，后来韩愈调任袁州（今江西宜春市），经韶州，全家才得团聚。

潮州驱鳄鱼

四月二十五日，韩愈到潮州上任。按规制必须先上谢恩表，就是这篇《潮州刺史谢上表》，也是备受争议。如宋代黄震说：

> 《论佛骨表》之说正矣。《潮州谢表》称颂功德之不暇，直劝东巡泰山，而自任铺张，虽古人不多让。甚矣！宪宗之不可与忠言，而公也汲汲乎苟全性命，良可悲矣夫！

与《论佛骨表》相比较，《潮州刺史谢上表》好像完全转变了态度，韩愈不再坚守正直的立场，而以封禅之说逢迎宪宗，以乞求回京。但我认为，《论佛骨表》《左迁至蓝关示侄孙湘》《潮州刺史谢上表》这三篇诗文当一起并读。《左迁至蓝关示侄孙湘》正是其中关键，这首诗不仅记录了韩愈被贬后悲愤的心情和对侄孙的嘱托，更重要的是说出了上《论佛骨表》的初衷——"欲为圣明除弊事"。正是为了"除弊事"，韩愈才不顾后果，上了《论佛骨表》。而他到潮州后的所作所为，也全在于"欲为圣明除弊事"。长庆二年，他拖着年老病弱之身，冒死出使镇州就是明证。因此，《潮州刺史谢上表》固然有迎合皇帝之辞，但也要从韩愈所处的现实情况考虑，作为受了重罚的贬官，按朝廷规制上表谢恩，表达自己想回京城的愿望，其实也无可厚非。况且，全文他仅承认对上不恭不敬，从未承认谏迎佛骨是错误。

正如皇甫湜在《韩文公神道碑》中所说："大官谪为州县，薄不治务。"很多官吏被贬之后一蹶不振，郁郁而终；有些人则寄情山水，荒怠政务。而韩愈即便是觉得毫无回京的希望，也没有在潮州任上虚度光阴。"先生临之，若以资迁"，韩愈既没有因州小荒僻而懈怠政事，也没有因年老体弱而疏忽，而是像那些按资历升迁的官员一样兢兢业业，勤勉谨慎。他到潮州后的惠政，可以用办学、驱鳄、释奴、兴农、治水来概括。

韩愈一生多次担任学官，他重视教育，一向以倡导道统为己任。在被贬潮州前，韩愈已三为学官。教育人才、提携后进，已经成为他的日常生活。一到潮州，他就上了《潮州请置乡校牒》，描述了当地的教育情况：

> 此州学废日久。进士、明经，百十年间，不闻有业成贡于王庭，试于有司者。人吏目不识乡饮酒之礼，耳未尝闻《鹿鸣》之歌。

教育荒废成这个样子，实在让人着急："忠孝之行不劝，亦县之耻也。"知书才能达礼，要想施政教化，就必须兴学育才。韩愈还举荐当地进士赵德摄海阳县尉，为衙推官，主管州学。他和赵德亲自执教，称："赵德秀才，沈雅专静，颇通经。有文章，能知先王之道，论说且排异端而宗孔氏，可以为师矣。"办乡校，请老师，还得有经费，韩愈又把自己治潮的全部俸禄捐出来"以为举本，收其赢余，以给学生厨馔"。韩愈兴办教育，竟是潮州成为"海滨邹鲁"文明之乡、文化名城的关键。正如苏轼《潮州韩文公庙碑》所说："始，潮人未知学，公命进士赵德为之师。自是潮之士，皆笃于文行，延及齐民。至于今，号称易治。"

韩愈刺潮州传播文化，倡导儒学道统，使中原文化与当地的本土文化相融合，形成了潮州独特的文化体系。

驱鳄鱼，是韩愈一生中带有一定神话色彩的行动。《旧唐书·韩愈传》记载：

> ……初，愈至潮阳，既视事，询吏民疾苦，皆曰："郡西湫水有鳄鱼，卵而化，长数丈，食民畜产将尽，以是民贫。"居数日，愈往视之，令判官秦济炮一豚一羊，投之湫水，祝之。……

为此，韩愈写了《鳄鱼文》，先历数鳄鱼的种种罪孽，再与鳄鱼约定：

> ……尽三日，其率丑类南徙于海，以避天子之命吏。三日不能至五日，五日不能至七日，七日不能，是

　　终不肯徙也，是不有刺史，听从其言也；不然，则是鳄
　　鱼冥顽不灵，刺史虽有言，不闻不知也。夫傲天子之命
　　吏，不听其言，不徙以避之；与冥顽不灵而为民物害
　　者：皆可杀。刺史则选材技吏民，操强弓毒矢，以与鳄
　　鱼从事，必尽杀乃止。其无悔！

名曰"祭文"，是给群众看的；实为"檄文"，是对鳄鱼的震
慑。就是这场驱鳄活动，被后人敷衍成传奇故事。潮汕人把韩
愈祭鳄的地方叫"韩埔"，现在那里有"祭鳄台"；渡口叫
"韩渡"，也叫"鳄渡"；大江叫"韩江"，江对面的山叫
"韩山"。

　　释奴是韩愈到潮州后为百姓做的又一件影响广泛深远的实
事。唐代是封建社会，当水旱灾害的时候，有卖儿鬻女、逼良
为奴的陋习，在偏远地区尤其严重。据皇甫湜《韩文公神道碑》
记载，韩愈在潮州，对"掠卖之口，计庸免之。未相直，辄与钱
赎。及还，著之赦令"。意思是说，被卖的人口为债主佣工，用
值抵债。相抵，债主就把人放回；不抵，就给钱赎回。赎回时，
要立下字据、文书作为凭证，不能反悔。这种释放奴隶的办法是
符合当地实情，又切实可行的。这种善政是普惠平民百姓的，这
也是千百年来，韩愈能得到潮州人民景仰、纪念的一个重要原
因。其实，释放奴隶这种善政并不是韩愈第一次在地方实行。贞
元二十年韩愈被贬阳山，也曾经释放奴隶。而他从潮州量移袁
州，也有释放奴隶的善政。皇甫湜《韩文公神道碑》还说："转刺

史袁州,治袁州如潮。"《新唐书·韩愈传》的记载则更为详细:

> ……袁人以男女为隶,过期不赎,则没入之。愈
> 至,悉计庸得赎所没,归之父母七百余人。因与约,禁
> 其为隶。……

劝农是封建社会地方官最主要的任务,兴农、治水则是韩愈治潮的又一善政。韩愈到潮州当年三至六月连续下雨,秋天又是雨水过多,这些都使他深为忧虑,他还亲自到大湖祭大湖神:

> ……稻既穟矣,而雨不得熟以获也;蚕起且眠矣,
> 而雨不得老以簇也。岁且尽矣,稻不可以复种,而蚕不
> 可以复育也,农夫桑妇将无以应赋税继衣食也。非神之
> 不爱人,刺史失所职也。百姓何罪,使至极也!神聪明
> 而端一,听不可滥以惑也。刺史不仁,可坐以罪;惟彼
> 无辜,惠以福也。[①]……

宁可自己坐罪,也祈请神灵赐福百姓。不仅如此,他还亲领百姓修堤固江,以防水患鳄鱼。《海阳县志》记载北堤"筑自韩文公",又相传金沙溪是韩愈为排除内涝而开凿的。关于筑堤治水,至今潮州还流传着"韩愈走马牵山"的故事:韩愈到潮州

---

① 《韩昌黎全集》卷二《潮州祭神文》五首之二。

以后，大雨不停，雨水漫灌，韩愈骑马到城外巡视。在城北，按地势让人在马走过的地方插上竹竿，然后就让百姓来按竹竿的标志筑堤。哪知百姓一到城北，就看到插竹竿的地方拱出了一条山脉，挡住了洪水。从此以后，潮州就再没有水患了。这座山后来长满了竹子，被叫作"竹竿山"。

潮州还有许多关于韩愈的传奇故事，据说他还发明了方便下水劳作的"水布"。潮州水运发达，很多木材都要通过韩江、榕江等河流运输，撑排工把木材连成木排推入江水中顺流而下。为了活动方便，他们一般都是赤裸身体，十分不雅也伤害身体。韩愈就为他们想出一个好办法，用一块布做腰围，扎在腰间，既方便劳作又可以遮羞防害。这块布就叫作"水布"。后来，人们在夏天下河洗澡的时候也用水布，方便洗澡换衣服，水布就变成了"浴布"。

韩愈治潮仅八个月，驱鳄、办学、释奴、祭神抗灾、修堤开河，为民生疾苦而奔忙，用尽了心血，这就是潮州人民纪念他最重要的原因。所以苏轼《潮州韩文公庙碑》曰："潮人之事公也，饮食必祭，水旱疾疫，凡有求必祷焉。"又说："公之神在天下者，如水之在地中，无所往而不在也。而潮人独信之深，思之至，焄蒿凄怆，若或见之。譬如凿井得泉，而曰水专在是，岂理也哉！"诚如《新唐书》所记载，韩愈"有爱在民，民生子多以其姓字之"，正是"一片江山尽姓韩"的原因。不久后，韩愈便接到量移袁州的诏书。他在潮州刺史任上虽然仅八个月，但为百姓办了不少好事，受到潮州百姓的爱戴，以至于山水为之易姓。

人们把他登览过的东山称为韩山，恶溪改为韩江，他带领百姓修的堤称为韩堤，他亲手栽的橡木叫韩木，把他访问过的风门岭改名为访问岭，还在灵山建立纪念他与大颠交谊的留衣亭。人们还把韩江上的广济桥改名为湘子桥，以纪念他的侄孙韩湘。至今潮州民间还广泛流传着许多关于韩愈的故事和传说。

量移刺袁州

　　元和十四年七月五日，群臣上宪宗尊号"元和圣文神武法天应道皇帝"，大赦天下。十月二十四日，准例量移，诏任韩愈为袁州刺史。韩愈接诏书离潮，约在十一月底或十二月初。

　　韩愈在潮期间与当地秀才赵德交谊很深，想约他同去袁州。赵德无意仕宦，想留在潮州，继续发展家乡的文化教育事业。他还把韩愈的七十五篇诗文编在一起，名《昌黎文录》，作为乡校启蒙之用。赵德之志也是韩愈的愿望，只是他不愿与好友分开。此后，继承韩愈开创的事业、传播韩愈的思想，赵德起了桥梁作用。韩愈有《别赵子》诗，以见其情。

　　韩愈在潮州还结交了灵山寺大颠禅师。关于大颠和尚，《五灯会元》卷五、《传灯录》卷十四，皆有记载。《潮州府志》述其身世为详。谓其号大颠，俗姓陈，或曰杨，先世为颍川（今河南许昌）人，生于开元末。韩愈贬潮，远地无可与语，闻大颠名，与之交。与之语，乡音亲切，见大颠议论宏阔，远见卓识，谦恭待人，知书达理，非一般释家可比，遂生敬慕。大颠也很敬佩韩愈文名、业绩。二人在一无相识的穷乡僻野偶遇乡音，叙为友情，

人之常也。韩愈离潮，告别灵山，留衣与大颠，惜别依依。后大
颠建"留衣亭"做纪念。

韩愈离开潮州，取道韶州，逗留数日：一则接在韶家眷，感
谢张蒙照顾；二是正值春节，亦当稍息。过了春节，韩愈携家赴
袁。韩愈到袁州后亦如在潮州一样努力工作：当务之急是解放奴
隶，如《应所在典贴良人男女等状》云：

> 右准律不许典贴良人男女作奴婢驱使。臣往任袁
> 州刺史日，检责州界内，得七百三十一人，并是良人男
> 女。准律计佣折直，一时放免。……

他还建议"袁州至小，尚有七百余人；天下诸州，其数固
当不少。今因大庆，伏乞令有司重举旧章，一皆放免。"所谓大
庆当是二月五日，穆宗御丹凤楼，大赦天下。韩愈有《贺皇帝即
位表》及《贺赦表》述其事。再就是率百姓抗旱保收，安定百姓
生活。

元和十五年六月八日，诏以中书舍人王仲舒为洪州刺史、
御史中丞，充江西观察使。仲舒乃韩愈故友，今为其上司。韩贬
阳山，王谪连州，韩曾为其所建的燕喜亭作记。仲舒念旧情，每
到州公牒牒尾"故牒"字皆改用为"谨牒"字。韩愈特上《袁州
申使状》，请改为常式，以安下情，即不因友情搞特殊。三十年
前，仲舒为官洪州，曾修茸滕王阁并作记；今在群僚及乡人的请
求下又重修，并请韩愈作《新修滕王阁记》，韩愈并未到洪州，

亦未亲见修葺，但此记避开正面实写，从侧手切入，以三次欲往登览均未得的不同心情与感受，以巧思而成至文。仲舒长庆三年十一月十七日卒于洪州，次年二月归葬。韩愈为其写《墓志铭》及《神道碑铭》。

韩愈量移袁州，接到好友柳宗元死信，而侄孙韩滂亦英年早逝！在悲痛中他写了《韩滂墓志铭》：

> ……滂清明逊悌以敏，读书倍文，功力兼人。为文词，一旦奇伟骤长，不类旧常。吾曰："尔得无假之人邪？"退大喜，谓其兄湘曰："某违翁且逾年，惧无以为见，今翁言乃然，可以为贺。"群辈来见，皆曰："滂之大进，不唯于文词，为人亦然。"既数月，得疾以死，年十九矣。吾与妻哭之伤心，三日而敛；既敛七日，权葬宜春郭南一里。呜呼！其可惜也已！

因为韩愈心情不好，是冬离袁回京，虽过洪州，遥望州城，想念老友，只写下《次石头驿寄江西王十中丞阁老》，未进洪州城。

商南哭幼女

　　元和十五年正月，李纯服食金丹中毒，二十七日，猝然暴死在他宠信的宦官手中，庙号宪宗。宦官王守澄等拥其第三子李恒继位，是为穆宗。是年九月二十二日，诏以韩愈为朝散大夫、守国子祭酒，复赐金紫。诏下到袁州在十月中旬后，故他于十月五日写滕王阁记时仍称袁州刺史。那他离开袁州当在十月下旬。韩愈和家人到袁州城外的韩滂墓告别后，乘船从石头驿北上，经赣江、彭蠡湖达江州小憩换船时，想起师友金部郎中萧存。萧存的父亲萧颖士善古文，知名于时，韩愈少时慕其名，习其文。萧存又是韩愈大哥韩会的好友，愈少时受萧存知赏，成为师友。于是，韩愈便找到萧存居处看望，未想到其家败落，无以为继，只一女还出家为尼。韩愈在西林寺见到萧的女儿，留下些财物经赡其家。因感世道之变，写下了感人肺腑的七绝《游西林寺题萧二兄郎中旧堂》：

　　　　中郎有女能传业，伯道无儿可保家。偶到匡山曾住处，几行衰泪落烟霞。

抚孤忆友之情和盘托出。前三句借典叙事虽平，而结句振起，情味全出。

这年冬天，韩愈一家人行至商洛道中，路经层峰驿。一家人为挐儿扫墓，韩愈满腔悲愤地在驿梁留诗道：

> 数条藤束木皮棺，草殡荒山白骨寒。惊恐入心身已病，扶舁沿路众知难。绕坟不暇号三匝，设祭惟闻饭一盘。致汝无辜由我罪，百年惭痛泪阑干。[①]

尾联直写出这位年过半百的父亲的心情。他眼前浮现出幼女那天真可爱的身影，遗憾的是，她过早地离开人间，年仅十二岁，成为了无辜的牺牲品。自己历尽坎坷毕竟活着回来了，而小女已离开人世将及二年，还有侄孙韩滂，都因自己这场祸事早年夭殇，尸骨流落异乡。这一切怎能不使他痛心疾首。他在《女挐圹铭》中更是切直沉痛地说出了这一悲剧的原因：

> ……愈之为少秋官，言佛夷鬼，其法乱治，梁武事之，卒有侯景之败，可一扫刮绝去，不宜使烂漫。天子谓其言不祥，斥之潮州，汉南海揭阳之地。愈既行，

[①]《韩昌黎全集》卷十《去岁，自刑部侍郎以罪贬潮州刺史，乘驿赴任，其后家亦谴逐，小女道死，殡之层峰驿旁山下，蒙恩还朝过其墓留题驿梁》。

有司以罪人家不可留京师，迫遣之。女挐年十二，病在席，既惊痛与其父诀，又舆致走道，撼顿失食饮节，死于商南层峰驿，即瘗道南山下。五年，愈为京兆，始令子弟与其姆易棺衾，归女挐之骨于河南之河阳韩氏墓葬之。

《祭女挐女文》曰：

……呜呼！昔汝疾极，值吾南逐。苍黄分散，使汝惊忧。我视汝颜，心知死隔。汝视我面，悲不能啼。我既南行，家亦随谴。扶汝上舆，走朝至暮。天雪冰寒，伤汝羸肌。撼顿险阻，不得少息，不能食饮，又使渴饥。死于穷山，实非其命。不免水火，父母之罪。使汝至此，岂不缘我！……

其女于穆宗长庆三年（823）归葬河阳。

韩愈

晚年尽忠穆宗朝

王廷凑反，围牛元翼于深，救兵十万，望不敢前。诏择廷臣往谕，众栗缩，先生勇行。元稹言于上曰："韩愈可惜。"穆宗悔，驰诏无径入。先生曰："止，君之仁；死，臣之义。"遂至贼营，麾其众责之，贼惶汗伏地，乃出元翼。《春秋》美臧孙辰告籴于齐，以为急病，校其难易，孰为宜褒？呜呼！先生真古所谓大臣者耶！

——《皇甫持正文集》卷六《韩文公墓铭》

任国子祭酒

韩愈约于元和十五年十一月中下旬到京，就任国子监祭酒。就职后，他看到国子监师无能教、生不愿学，学风涣散，便向吏部上了《国子监论新注学官牒》，有针对性地提出他对开展国子监诸学工作的意见。他依据国家兴办"国子监应今新注学官等牒，准今年赦文，委国子祭酒选择有经艺堪训导生徒者，以充学官"的宗旨，批评了"近年吏部所注，多循资叙，不考艺能，至令生徒不自劝励"，提出了他搞好国子监的措施：

> 伏请非专通经传，博涉坟史，及进士五经诸色登科
> 人，不以比拟。其新受官，上日必加研试，然后放上，
> 以副圣朝崇儒尚学之意。

在韩愈看来，要培养好国子监生徒，选拔学官就不能光凭资历地位，必须要求那些有真才实学者。他举荐张籍为国子监博士，在《举荐张籍状》中称赞张籍"学有师法，文多古风；沉默静退，介然自守；声华行实，光映儒林"。韩愈自在汴州董晋幕

府任事时结识张籍，贞元十四年通过考试，举荐他应进士考试，一举及第后，二十多年间交往甚厚。他深知张籍的学识与品行，相信他出任国子博士，训导诸生徒，必能"彰圣朝崇儒尚德之道"。其实，张籍早已是韩昶的老师，而且在当时已经相当有名气，不少名士与有才学的显官，都敬重他，与其交往。他的诗歌继承杜甫的现实主义传统，特别是他的乐府诗，对中唐社会生活的许多方面都有较深刻的反映，与同时期的白居易、元稹齐名，又能独树一帜，受到元白的推许。就在他还未获准任国子博士的这年冬天，晋国公裴度从太原赠送一匹好马给张籍，张籍十分感激，作《谢裴司空寄马》诗以酬，裴度又写了《酬张秘书因寄马赠诗》。韩愈有《贺张十八秘书得裴司空马》，一时间李绛、元稹、白居易、刘禹锡、张贾等名流皆有诗贺之。可见，韩愈举荐张籍这样的人到国子监任博士是深得人心的。

韩愈任国子祭酒后，还带领七馆学生沈周封等六百人上状，请为穆宗皇帝上尊号，写了《请上尊号表》。这在穆宗即位后是件大事，韩愈带领六百师生上表，虽属常例，却也可以提高国子监诸学的声望，引起当政对教育的重视。韩愈到国子监主持工作后，不仅活跃了国子监诸学的气氛，提高了教育质量，也大大提高了国子监学宫的地位。

韩愈崇德重才，要求在学宫中建立起尊师重教的学风，这是儒学教育的传统思想。对教师来说，他要求德才兼备，精通经史坟典，而不是论资排辈或以貌取人；对学生来说，他要求尊敬师长，勤奋学习。这使学宫形成严肃、活泼、朴实、勤奋的风气。

有这样一件事可以看出韩愈的为人：当时国子监有位很会讲礼学的直讲，有德有才，懂礼明经，只因他出身贫寒，长得丑了点儿，出身豪族的学官们便看不起他，连吃饭也排斥他，不愿和他在一起。韩愈知道了这件事，特地请他来同桌共餐，此后那些人不敢再轻视他。由此也可以想见在韩愈主持下国子监教育的面貌了。由于教师阵容的加强，每天都有教官开讲座，师生共同研究学问，教学相长，学术气氛也空前浓厚起来。

这一时期，李汉、张籍、侯喜等韩门诸友多在京城，韩愈虽然做的是国子监祭酒这样的文职闲官，生活却并不寂寞。这年他还为时任监察御史的李汉的父亲李郱写了祭文和墓志铭。李郱是太祖皇帝第五子李绘的七世孙。其子李汉是韩愈的学生，又是其女婿。

勇夺三军帅

长庆元年（821）三月，卢龙节度使刘总上表请求落发为僧，后行至易州而卒；朝廷命张皋为留后。张弘靖为幽州、卢龙军节度使。七月，幽州兵乱，囚张弘靖，拥朱克融为帅；镇州军也发生叛乱，杀死节度使田弘正及家属僚佐三百余口，拥立衙将王廷凑为留后。八月，王廷凑又派人杀死冀州刺史王进岌，占领了冀州。自此，河北又陷入藩镇割据、自立的局面。朝廷为平幽州、镇州叛乱，任命河东节度使裴度充幽、镇两道招抚使。不久，王廷凑又出兵围困深州。鉴于朱克融、王廷凑叛乱，形势严重，十月，朝廷再度任命裴度充镇州四面行营都招讨使。以杜叔良充深州、冀州诸道行营节度使。以牛元翼为镇州大都督府长史，充成德军节度、镇冀深赵等州节度使，带十万军队平幽、镇之乱。然而乱军势焰嚣张，官军屡屡失利，加上朝中有人掣肘，难有进展。王廷凑虽仅有一万多兵力，却利用中央各路兵马之间的矛盾，声东击西，各个击破，并把深州团团围住。朝廷不得已，只好于长庆二年二月下诏，授予他镇州大都督府长史、御史大夫、充成德军节度、镇冀深赵等州观察使。诏书下达了，但是谁去宣谕并说服王廷凑解除对深州的包围，放出牛元翼，却成了摆在众朝臣面前的难题。因为王廷凑忌恨朝廷赦朱诛王，正以气急败坏的心态加强对官军的攻势，谁去宣谕都会有杀头的危险。这样一个深入虎穴、人人自危的任务最后落在了年已五十五岁的兵部侍郎韩愈身上。

韩愈辞别家人，与宣慰副使吴丹毅然上路。据《新唐书·韩愈传》记载，元稹对皇帝说："韩愈可惜。"穆宗也感到后悔，派使者下诏，让韩愈"度事从宜，无必入"[1]。但韩愈却回答说："止，君之仁；死，臣之义。[2]"广阳地界的井陉故关，地势极险，道路狭窄，车不得方轨，骑不能成列，这却是由太原去镇州的必经之路。韩愈经广阳承天行营受到老上司，也是老朋友裴度的迎接。裴度持酒，为韩愈饯行。韩愈激情满怀地吟出《奉使镇州行次承天行营奉酬裴司空相公》：

> 窜逐三年海上归，逢公复此著征衣。旋吟佳句还鞭
> 马，恨不身先去鸟飞。

前二句说自己自贬潮州归京至此已经三年，裴公昔日率军平定淮西至今又率军讨伐镇州王廷凑；后二句说他与裴公相会吟诗，却急切到镇州宣慰。

---

① 《新唐书·韩愈传》。
② 《资治通鉴》卷二百四十二。

彼时还有一首《镇州路上奉酬裴司空相公重见寄》：

衔命山东抚乱师，日驰三百自嫌迟。风霜满面无人识，何处如今更有诗？

形象地写出他奉命宣慰镇州、日驰三百、风霜劳顿的情景和急切平息叛乱、解民倒悬的心情和老骥伏枥的气概。

韩愈等来到镇州，只见巍峨高大的城楼，大有虎踞雄关之势。城楼上"王"字旗高高飘扬，城门、城楼、城墙上到处都是全副武装的兵士，一个个手执利刃，如临大敌。韩愈只身闯入行辕，一番唇枪舌剑，终于说服王廷凑，平息了一场即将到来的大乱。关于这段史实，《新唐书·韩愈传》的记载比较翔实：

愈至，廷凑严兵迓之，甲士陈廷。既坐，廷凑曰："所以纷纷者，乃此士卒也。"愈大声曰："天子以公为有将帅材，故赐以节，岂意同贼反邪？"语未终，士前奋曰："先太师为国击朱滔，血衣犹在，此军何负，乃以为贼乎？"愈曰："以为尔不记先太师也，若犹记之，固善。天宝以来，安禄山、史思明、李希烈等有子若孙在乎？亦有居官者乎？"众曰："无。"愈曰："田公以魏、博六州归朝廷，官中书令，父子受旗节，刘悟、李祐皆大镇，此尔军所其闻也。"众曰："弘正刻，故此军不安。"愈曰："然尔曹亦害田公，又残其家矣，复何道？”众欢曰：“善。”廷凑虑众变，疾麾使去。因曰：

“今欲廷凑何所为？”愈曰：“神策六军将如牛元翼者为

不乏，但朝廷顾大体，不可弃之，公久围之，何也？”

廷凑曰：“即出之。”愈曰：“若尔，则无事矣。”会元

翼亦溃围出，廷凑不追。

　　韩愈出使镇州说服了充满敌意的骄兵悍将，平息了叛乱。
穆宗大为高兴，升任他为吏部侍郎。吏部为六部之首，掌管官吏
的任免、铨叙、考绩、升降等。这是韩愈晚年最后一次建功。不
久，他就因积劳成疾告假休养。

宦海再沉浮

　　韩愈长庆二年九月转任吏部侍郎；长庆三年六月调任京兆尹；十月五日又改任兵部侍郎；二十日再改吏部侍郎。长庆四年正月二十二日，穆宗驾崩，太子李湛二十六日即位，是为敬宗。韩愈于是年五月以病告假，从此再也没有回到政坛。这就是说，他晚年效命穆宗朝三年多，从这三年多的频频改官、升降浮沉来看，他晚年的宦海生涯仍然充满争斗与风险。

　　长庆二年三月，鸿胪卿、判度支、户部侍郎张平叔为了讨好皇上，上疏提出全国的盐由国家专卖，说这样做可以获利一倍，富国强兵，陈述利害共十八条。朝廷将此疏下发，诏令公卿详议。中书舍人韦处厚持反对意见，此时韩愈自镇州回京，见张平叔之疏与皇上的敕旨，也持反对意见。并上了《论变盐法事宜状》，以十三件之议的长篇鸿文，一一驳论了张平叔食盐官卖的主张。韩愈认为：城郭以外的乡下百姓，很少有现钱买盐，大都用杂物土产兑换。盐商卖盐，无物不收，或赊或贷，日后可用杂物土产慢慢偿还；用这种方法，百姓可把闲置不用的杂物等换取日常必需的盐，商人可以拿这些杂物卖成更多的钱，农商两得其便。如果让官吏坐在店铺里自卖，没有现钱，必不敢赊。这样做的结果是贫穷无钱的百姓没法得到盐，官府自然也无法上缴盐赋之钱，坐失常课，哪里能有一倍之利呢？如果让官吏把盐弄到乡下百姓中去卖，必然会以官府的名义勒索百姓，骚扰极多。刺史、县令是替皇上为百姓办事的，怎么可以只从卖盐得利的多少这一件事去考核政绩，决定他们的升降赏罚呢？韩愈颇知下情，深有感慨地说：百姓贫家吃盐很少，或有动辄旬月淡食的，若按户给盐，按时要钱，百姓无钱，官吏怕收不上钱获罪，必用威刑逼迫穷苦百姓，使百姓不得安宁，这一点是官自卖盐最大的弊端，万不可以不考虑。经过韩愈等从实际出发、有理有据地论证，张平叔的主张未能实行。由此不难看出，韩愈几次贬官，深知百姓疾苦，在有关国计民生的大事上，仍然耿介直言。

这期间朝堂内外的政治斗争形势日趋复杂：长庆二年二、三月间，元稹、裴度先后入相，时为兵部尚书的李逢吉利用裴、元之间的矛盾，令人诬告元稹曾派刺客刺杀裴度。此事虽无验证，但却使二人皆被罢相。这年六月，裴度为右仆射，元稹为同州刺史，就在裴、元罢相的当天，李逢吉便拜相。当时，李德裕和牛僧孺都有入相的希望，李逢吉想进用牛僧孺，就将李德裕调出京城，出任浙西观察使，牛僧孺遂拜相。由此牛、李结怨愈深，牛李党争从此愈演愈烈。此时李绅也很得穆宗信任，有拜相的可能。李逢吉与李绅不和，想排挤他；韩愈宜谕镇州后，得到穆宗的嘉许，地位的提高也使李逢吉不安。李逢吉为了阻止二人入相，便利用二人同样峭直的性格，想出个一箭双雕的计谋，让韩、李二人自斗，自己坐收渔利。他先建议穆宗调李绅为御史中丞（御史台的副长官，正四品下）；长庆三年六月，又撺掇穆宗调韩愈任京兆尹（京城行政长官），兼御史大夫（御史台长官，正三品，号称副相），并破例准许免去"台参"。

京兆尹为地方官，本应该台参，即参拜御史台长官。可韩愈不同，他认为皇上有文破例敕准自己免于台参，且又兼御史大夫，拒不参让李绅。谁知李绅倔强狭隘，以为韩愈是拿老资格压他，便找出京兆尹兼御史大夫也得台参的旧例，和韩愈争个高低。李绅多次上疏论争此事，弹劾韩愈；韩愈性格倔强，言辞不让，于是双方文牒往返，争论不休，在朝堂上闹得沸沸扬扬，朝臣中也引起了不同倾向和反响。更有甚者，李绅倚仗自己的职位，把一个不明不白的囚犯押送到韩愈的京兆府，叫韩愈用京兆尹的法杖杖之。拘囚审案是地方官的事，李绅虽为御史中丞，仍不可越俎代庖。但韩愈不惧李绅以职权压他，又把送来的囚犯归还给李绅。韩、李的摩擦正中了李逢吉的诡计，这年十月，他便以台府不和为理由，将李绅罢为江西观察使，韩愈复任兵部侍郎，双方都降了职。只因穆宗一向厚待李绅，却没有认识到是李逢吉在其中捣鬼，等李绅要调出京城时动了恻隐之心，令宦官到李绅府中宣谕慰劳，赐给玉带。李绅借机对使官泣诉了事情的原委，后又当面向穆宗申诉。穆宗问韩愈，韩愈也据理争辩。穆宗方才省悟，这是李逢吉为排斥二人从中弄权所造成的。于是收回成命，又恢复韩愈为吏部侍郎，改任李绅为户部侍郎，并准备撤换李逢吉的相位。由这件事也可以看出当时朝廷政治斗争形势的复杂与激烈。

韩愈在京兆尹任上，时间虽不长，却一如既往地尽心尽力，勇于敢为，政绩突出。当时京兆之地虽在天子脚下，却仍有禁军、中人横行霸道，豪门子弟无法无天的情况，闹得京城官民不得安宁。原来的京兆尹软弱难以治理，穆宗才让韩愈这位德高望重、智勇双全的重臣去担任。韩愈雷厉风行，很快使混乱的社会秩序得以治理，震慑了那些不法之徒。京城中六军将士都知道韩愈的厉害，谁都再也不敢违犯法纪，盗贼也不敢出动。遇天旱，米价也不敢上涨。长安着实安定多了。

魂归河阳墓

长庆三年春，韩愈侄孙韩湘进士及第，冬又为宣城崔群辟为从事。韩愈和他的门人及湘之好友为其设宴送行，韩愈有《示爽》诗：

> 宣城去京国，里数逾三千。念汝欲别我，解装具盘筵。日昏不能散，起坐相引牵。冬夜岂不长？达旦灯烛然。座中悉亲故，谁肯舍汝眠？念汝将一身，西来曾几年？名科掩众俊，州考居吏前。今从府公召，府公又时贤。……

谆谆说来，真能表现祖孙之情。又曰：

> ……强颜班行内，何实非罪愆？才短难自力，惧终莫洗湔。临分不汝诳，有路即归田。

有学者据此认为是韩愈在任兵部侍郎而未为吏部侍郎时作。诗的确反映了他晚年叹老嗟鄙、难为官施政的心态。

　　韩愈因病告假住城南庄别墅，约从长庆四年五月上旬至八月上旬，计三月余。这段时间，正好张籍也休假，多半时间陪韩愈游玩；贾岛也在长安，有时也来同游。城南庄虽比不上曲江池、昆明湖等长安著名风景区，但自然景色也很好，不事人工，别有一番情趣。黄子陂、新池、北台、板亭、南溪等是他们常去的地方。张籍《祭退之》诗中有一段记他们在南庄的生活：

　　……去夏公请告，养疾城南庄。籍时官休罢，两月同游翔。黄子陂岸曲，地旷气色清。新池四平涨，中有蒲荇香。北台临稻畦，茂柳多阴凉。板亭坐垂钓，烦苦稍已平。共爱池上佳，联句舒退情。偶有贾秀才，来兹亦间并。移船入南溪，东西纵篙撑。……

　　诗中写他们同游黄子陂等风景，领略地旷气清的景象，一舒郁积的胸襟。贾岛也有《黄子陂上韩吏部》诗，写他与韩愈交游。

　　在城南庄养病期间，使他们最开心且能从官场的尔虞我诈真正回归到自然中的活动是泛舟南溪。韩愈《南溪始泛》三首具体真实地描述了这段生活，其一：

　　榜舟南山下，上上不得返。幽事随去多，孰能量近远？阴沉过连树，藏昂抵横坂。石粗肆磨砺，波恶厌牵挽。或倚偏岸渔，竟就平洲饭。点点暮雨飘，梢梢新

月偃。余年憬无几，休日怆已晚。自是病使然，非由取
高寒。

写他放舟南溪，划了不知多远，小舟穿行在树丛夹岸的小溪
里，划过怪石嶙峋、波恶涡险的山谷，或倚岸钓鱼，或平洲造
饭，在点点暮雨、梢梢新月的晚上，榜舟夜宿南山溪边。后四
句写他时在病休，虽慨叹余年无几，病不能朝，却未显衰煞
气象。

其二：

南溪亦清驶，而无楫与舟。山农惊见之，随我观不
休。不惟儿童辈，或有杖白头。馈我笾中瓜，劝我此淹留。
我云以病归，此已颇自由。幸有用余俸，置居在西畴。囷仓
米谷满，未有旦夕忧。上去无得得，下来亦悠悠。但恐烦里
间，时有缓急投。愿为同社人，鸡豚燕春秋。

写他们在溪中泛舟时，小孩、老人都围观与语，劝他们小憩，送
他们瓜吃。韩愈也向老乡表白：我是请病假回来的，无官一身
轻，颇得自由。家就住在西畴南庄，有剩余的薪俸，不缺吃穿。
当官没什么特殊的，去官也悠然自适。只是回乡后若有缓急之
事，还得麻烦乡邻。我也愿和乡邻生活在一起，过着有吃有喝的
日子。诗情淳真自然，语言亲切朴实，无怪后世称赞他"即物写
心，愈朴而愈切"。

其三：

足弱不能步，自宜收朝迹。羸形可舆致，佳观安可掷？即此南坂下，久闻有水石。拖舟入其间，溪流正清激。随波吾未能，峻濑乍可刺。鹭起若导吾，前飞数十尺。亭亭柳带沙，团团松冠壁。归时还尽夜，谁谓非事役？

诗写泛舟南坂，观水石、清流、鹭飞、松柳的佳趣。韩愈虽身体羸弱，不便行路，即使请人抬着，也不愿放弃这赏心悦目的游戏，表现出韩诗晚期闲适淡远的情趣。故《唐宋诗醇》以韩愈"奸穷怪变得，往往造平淡"[1]之语论之，张籍有一首《同韩侍御南溪夜赏》诗云：

喜作闲人得出城，南溪两月逐君行。忽闻新命须归去，一夜船中语到明。

写他官休两个月与韩愈同游，听到朝制新命的消息，依依难舍，在南溪舟中彻夜长谈的情景。贾岛有《和韩吏部泛南溪》诗：

溪里晚从池岸出，石泉秋急夜深闻。木兰船共山人上，月映渡头零落云。

---

[1] 此语出《韩昌黎全集》卷五《送无本师归范阳》。

写他与韩愈共渡南溪之夜，当与张籍同时作。

韩愈病休城南庄，没有政事萦绕，颇感自由，只是病情及前程难以预测。从城南庄别墅回到长安靖安里府第后不几日，张籍应邀前来。这天晚上，秘书丞王建也在韩愈家里。天朗气爽，韩愈精神似也见好，因病不宜酒食，却有二妓弹丝竹，与韩愈等畅怀吟诗为乐。韩愈写下了《玩月喜张十八员外以王六秘书至》诗：

> 前夕虽十五，月长未满规。君来昭我时，风露渺无涯。浮云散白石，天宇开青池。孤质不自惮，中天为君施。玩玩夜遂久，亭亭曙将披。况当今夕圆，又以嘉客随。惜无酒食乐，但用歌嘲为。

从时间看，诗写于八月十六日夜，这大概是现存韩愈诗文有确凿时间可考的最后一首了。王六秘书即王建，中唐新乐府诗人，与张籍在文学史上并称"张王乐府"。建与张籍、贾岛交好，有诗酬答。

九月以后，韩愈病势转重，张籍公余常来陪伴他。张籍《祭退之》诗叙道：

> ……公疾浸日加，孺人视药汤。来候不得宿，出门每回遑。自是将重危，车马候纵横。门仆皆逆遣，独我

到寝房。……

来探视的人都被挡驾了，只有张籍可以到寝房探视。韩愈临终时要张籍代写约章，作为子孙们行事的章程。遗憾的是最后让张籍代书的留言未能写成，韩愈便在靖安里府第悠悠辞世了。时在长庆四年十二月丙子（2日）。正如张籍诗所记：

> 赠我珍重言，傲然委衾裳。公比欲为书，遗约有修章。令我署其末，以为后事程。家人号于前，其书不果成。子符奉其言，甚于亲使令。

韩愈性情旷达，见识与众不同，即使是生与死的问题，也视为自然，泰然处之。正如张籍诗里所述：

> ……公有旷达识，生死为一纲。及当临终晨，意色亦不荒。……

这天早晨张籍一直守护在韩愈身旁，可见他所说的是实情。韩愈一生忧国忧民，并不惜死，更不像有的人怕死而求长生，他旷达地迎接死神的来临。

韩愈死后，五代陶谷、宋代陈师道、葛立方及近人陈寅恪以白居易《思旧》诗中有"退之服硫黄，一病讫不痊"句，认为韩愈服硫黄求长生而死。宋吕汲公、方崧卿、清汪师韩及近人卢文弨等认为此退之为卫中立，字退之者是为贤者讳。以至于成为韩愈研究的一段公案。谓退之即韩愈者的唯一理由是诗里四人皆当时宰相藩镇大臣，且为文学词科高选，中立与之不配。时或谓名人者，非仅以官位论之：张籍官鄙而以诗名，韩愈终身官不过四品，而盖时之君相。卫氏三兄弟，时称名人。白居易诗所列之人关键在于旧友中服药而死者，名位次之。中立确属服丹而死，事载于文献，名传于当时。韩愈卒时，白居易不在京，并不了解韩愈死状。韩愈归葬河阳时，白居易在洛阳，不见任何表示。十年后写《思旧》，亦是根据传闻。即便他指的是韩愈，也无实据。何况白居易、韩愈一生隔阂，虽经张籍调谐，亦未解冰。为何这时会把他摅为故旧呢？韩愈是否服丹药而死，更信者是他本人之说与表现，当事人的第一手材料，有人偏不信此，不妥。如果把韩愈一生的为人行事，及有关著述仔细考察，这种误传便不攻自破。他在长庆三年写的《故太学博士李君墓志铭》中还沉痛地写道："（李君）遇方士柳泌，从受药法，服之往往下血，比四年，病益急，乃死。"对此他痛切地说："余不知服食说自何世起，杀人不可计，而世慕尚之益至，此其惑也！"他还列举了自己亲见并交游过因服食而惨死的当朝名人——工部尚书归登、殿中御史李虚中、刑部尚书李逊、逊弟刑部侍郎李建、襄阳节度使工部尚书孟简、东川节度御史大夫卢坦、金吾将军李道古服药死的惨状："工部既食水银得病，自说若有烧铁杖自颠贯其下者，摧而为火，射窍节以出，狂痛号呼乞绝；其茵席常得水银，发且止，唾血十数年以毙。殿中疽发其背死。刑部且死谓余曰：'我为药误。'……

卢大夫死时，溺出血肉，痛不可忍，乞死乃死。金吾以柳泌得罪，食泌药，五十死海上：此可以为诫者也！蕲不死，乃速得死，谓之智，可不可也？"至篇末连连叹息："呜呼！可哀也已，可哀也已！"这样一个对服食深恶痛绝并有清醒认识的人，怎么会愚蠢地服食硫黄呢？

李翱《韩公行状》曰："及病，遂请告以罢。每与交友言既终以处妻子之语，且曰：'某伯兄德行高，晓方药，食必视《本草》，年止于四十二。某疏愚，食不择禁忌，位为侍郎，年出伯兄十五岁矣，如又不足，于何而足？'"这话必是病重时卢夫人劝他时说的，然他却表现出坦然自若、满足自豪的态度。这便证明他不是怕死乱吃药的人，更可证明他非服硫黄之类药而死，是其好友张籍亲见："自是将重危，车马候纵横。门仆皆逆遣，独我到寝房。公有旷达识，生死为一纲。及当临终晨，意色亦不荒。"①张籍性憨直，批评韩愈直言不讳，又支持韩愈辟佛老、反对服丹药求长生的，若是韩愈服硫黄之类求长生，他怎会不劝阻，反而说他死得安详呢？至于因八月十六夜，韩愈为张籍、王建等佐欢出二妓，有人以此附会二妓之名，且谓一人逃之，自相矛盾；以此责韩晚年沉溺酒色，也过分，况张籍亦识为常事。

韩愈享年五十七岁。噩耗传来，敬宗李湛十分沉痛，谥曰"文"，后世称韩文公。宝历元年（825）三月癸酉，葬河南河阳金山之阳，黄河之北。

---

① 张籍《祭退之》。

　　韩愈反佛抑道，继承旧传统，建立新儒学，捍卫中华民族文化思想传统，功比孟轲，是中国文化史上的大思想家；其文学思想、散文成就很高，发动和领导了"古文运动"，为诗论与创作开辟了新方向，在中国文学发展史上起着"导夫先路"的作用，故被称为伟大的文学家、哲学家；其继承民族的师道传统，以正确的师道观破除旧的师道尊严，为建立优秀的师道传统做出不朽贡献，成为孔子之后的大教育家；为振兴中唐，他在政治、军事、经济上都有突出建树。像韩愈这样对中国文化有多方面贡献的人，实属罕见，故为后世推重敬仰。

附录 APPENDIX

韩愈年表

大历三年（768）

韩愈生，一岁。

大历五年（770）

韩愈三岁，父亲仲卿卒，为兄韩会、嫂郑氏鞠养。

大历九年（774）

韩愈七岁，长兄韩会应诏赴长安，任起居舍人，韩愈随兄嫂由洛阳移居长安，始读书习文。

大历十二年（777）

韩愈十岁。四月，韩会被贬到五千里外的岭南韶州作刺史，韩愈从此随兄嫂流徙岭南韶州。

大历十四年（779）

韩愈十二岁，伯兄韩会卒于韶州刺史任所，终年四十二岁。韩愈随嫂扶兄柩由韶州归葬河阳。

建中三年（782）

韩愈十五岁，中原战乱，韩愈随嫂嫂郑夫人携全家避乱移居宣城。

贞元元年乙丑（785）

韩愈十八岁，有《芍药歌》。

贞元二年丙寅（786）

韩愈十九岁，秋别嫂郑夫人、侄老成离宣城赴长安求仕。有《条山苍》诗。

贞元三年丁卯（787）

韩愈二十岁，年初至京师长安参加进士考试，兄韩弇在与吐蕃的会盟中被害。有《烽火》《出门》。

贞元四年戊辰（788）

韩愈二十一岁，与李观交往，有《与张徐州荐薛公达书》。

贞元五年己巳（789）

韩愈二十二岁，第二次参加进士试，落第。

贞元六年庚午（790）

韩愈二十三岁，回宣城探家，由宣城进京城，过滑州，有《上贾滑州书》。

贞元七年辛未（791）

韩愈二十四岁，春，第三次参加进士考试，未第。有《落叶一首送陈羽》。

贞元八年壬申（792）

韩愈二十五岁，登进士第。

贞元九年癸酉（793）

韩愈二十六岁，在长安参加博学宏词科试落第。西游凤翔。

贞元十年甲戌（794）

韩愈二十七岁，四五月间东归河阳省坟墓，遇老成扶嫂郑氏灵柩来归，为郑氏服丧以期，作《祭郑夫人文》。

贞元十一年乙亥（795）

韩愈二十八岁，闲居洛阳、河阳。从正月二十七日至三月十六日，韩愈连上时宰三书。

贞元十二年丙子（796）

韩愈二十九岁，七月，入汴州董晋幕，未任职。秋冬，李翱从徐州来汴州从学于韩愈。

贞元十三年丁丑（797）

韩愈三十岁。居汴州，在董晋幕府。春，秉董晋之命写《送汴州监军俱文珍序并诗》。是年春夏，孟郊从湖州武康来汴州，再次与韩愈、李翱会游。

贞元十四年戊寅（798）

韩愈三十一岁，在汴州董晋府任将仕郎试秘书省校书郎，汴宋亳颍等州观察推官。

贞元十五年己卯（799）

韩愈三十二岁，二月丁丑董晋卒，后三日入殓，韩愈及董晋眷属扶柩归葬河中，有《祭董相公文》等。

贞元十六年庚辰（800）

韩愈三十三岁，正月在长安朝正，二月归徐州。五月去徐州张建封幕，与李翱、王涯、侯喜同游，又与李平相遇下邳，五人同游睢阳等地，韩愈有《题李生壁》记其事。居洛阳，无职事而闲居。生活困窘而清闲，冬赴京师。

贞元十七年辛巳（801）

韩愈三十四岁，自去年冬赴长安调选，至今年三月在长安；因调选未成，三月后回洛阳。冬十月又赴长安调选，稍后任国子监四门博士。

贞元十八年壬午（802）

韩愈三十五岁，在长安任国子监四门博士。春夏间韩愈请假回洛阳挈家居长安，登华山。

贞元十九年癸未（803）

韩愈三十六岁，仍在长安，任国子监四门博士。秋七月后罢四门博士。是年冬，韩愈迁监察御史，上《御史台上论天旱人饥状》。十二月，贬阳山县令。

贞元二十年甲申（804）

韩愈三十七岁，自上年十二月离长安，在阳山任县令。七八月间，南海区册来投韩公学诗论文。有《答张十一功曹》等，撰写《五原》。

贞元二十一年乙酉（805）

是年八月顺宗李诵改元永贞，亦称永贞元年。

韩愈三十八岁，是年春仍在阳山，二月二十四日，大赦天下，赦书至阳山当在三月，韩愈离阳山在春夏之交。伺命郴州至秋八月九日宪宗李纯即位，大赦，移江陵法曹参军。

宪宗李纯元和元年丙戌（806）

韩愈三十九岁，元月至六月上旬仍在江陵为法曹参军。是年六月，诏为国子博士，韩愈伯兄岌卒于虢州司户任所，韩愈正好归京。其年九月葬于虢州，韩愈参与丧葬事。

元和二年丁亥（807）

韩愈四十岁，是年春夏仍在长安为国子博士。是年六月，韩愈去京就洛，请分司东都。

元和三年戊子（808）

韩愈四十一岁，是年仍在洛阳，分教东都生。夏，改真博士。

元和四年己丑（809）

韩愈四十二岁，正月，李翱为岭南节度使辟为幕府掌书记，将行，韩愈等人到景云山居为其送行，有《送李翱》诗。六月十日授尚书省从六品以上的都官员外郎，兼判祠部，分司东都。是岁九月二十三日，与同僚李宗闵、牛僧孺、郑伯义等迎杜兼于郊。

元和五年庚寅（810）

韩愈四十三岁，在洛阳仍任都官员外郎。是年冬为河南令。

元和六年辛卯（811）

韩愈四十四岁，是年春夏仍在洛阳，任河南县令。乳母李氏卒于是年三月十八日，卒三日葬，公作《乳母墓铭》。七月，诏为职方员外郎。

元和七年壬辰（812）

韩愈四十五岁，是年初仍为职方员外郎。因为华阴令辨曲直有失下迁为国子博士。是年六月甲午（八日），石洪卒于长安，七月二十七日葬长安万年县白鹿原。

元和八年癸巳（813）

韩愈四十六岁，在长安，春仍任国子博士，块垒积胸，乃作《进学解》以自喻，改比部郎中史馆修撰。

元和九年甲午（814）

韩愈四十七岁，在长安，仍为比部郎中史馆修撰；十月甲子（二十一日）转考功郎中，史馆修撰如故；十二月戊午（十五日）以考功知制诰。

元和十年乙未（815）

韩愈四十八岁，仍在长安，任考功郎中、知制诰，史馆修撰如故。

元和十一年丙申（816）

韩愈四十九岁，正月丙戌以考功郎中知制诰迁中书舍人。丙戌为二十日。中书省有中书舍人六员，正五品上。掌管侍奉进奏，参议表彰。被权相嫉恨，使其改任为太子右庶子。

元和十二年丁酉（817）

韩愈五十岁，在长安，仍为太子右庶子。七月丙辰（二十九日），制以太子右庶子韩愈兼御史中丞，充彰义行军司马，从度平蔡。十二月丙子（十九日），以右庶子韩愈为刑部侍郎。

元和十三年戊戌（818）

韩愈五十一岁，在京师，任刑部侍郎。奉正月十四日敕，撰写《平淮西碑》，三月二十五日碑文撰讫已进。又有《进撰平淮西碑文表》《奏韩弘人事物表》。

元和十四年己亥（819）

韩愈五十二岁，正月十四日上《论佛骨表》，贬潮州刺史。谪出京，至蓝田蓝关，有《左迁至蓝关示侄孙湘》。

元和十五年庚子（820）

韩愈五十三岁，是年正月上旬离开韶州，闰正月八日到袁州刺史任所。到袁州，有《袁州刺史谢上表》。过吉州，得孟简来书，至袁州后，有《与孟尚书书》。九月二十二日，诏以袁州刺史韩愈为朝散大夫、任国子祭酒，复赐金紫。十一月中旬韩愈到京，就职国子监祭酒。

穆宗李恒长庆元年辛丑（821）

韩愈五十四岁，是年七月庚申（二十六日）以前，仍为国子祭酒；之后，为兵部侍郎，在长安。

长庆二年壬寅（822）

韩愈五十五岁，仍在长安，为兵部侍郎。二月二日诏命韩愈为宣慰使，赴镇州王廷凑军宣谕朝命。九月转任吏部侍郎。

长庆三年癸卯（823）

韩愈五十六岁，在长安，仍为吏部侍郎。六月六日（一云八日），转京兆尹兼御史大夫，以旨不台参；与李绅有台参与不台参之争，十月五日再为兵部侍郎。十月二十日寻改吏部侍郎。

长庆四年甲辰（824）

韩愈五十七岁，在长安，仍为吏部侍郎。夏，因病请告休假；八月满百日去吏部任。此夏秋多在长安城南庄别墅养病，八月中秋后归长安靖安里府第。是年十二月丙子（二日），薨于靖安里府第，年五十七岁。嗣天子不御朝，赠礼部尚书，谥文。敬宗李湛宝历元年（825）三月癸酉（二十九日），葬河南河阳（今河南孟州）韩村。

主要参考书目

1.《汇校汇注汇评昌黎先生诗集》，张弘韬、张清华编著，安徽大学出版社2021年。

2.《历史在这里转折——论韩愈》，张清华、张弘韬著，作家出版社2008年。

3.《韩学研究》，张清华著，江苏教育出版社1998年。

4.《韩愈大传》，张清华主编，中州古籍出版社2003年。

5.《韩昌黎诗系年集释》，[唐]韩愈著，钱仲联集释，上海古籍出版社1984年。

6.《韩昌黎全集》，[唐]韩愈著，中国书店1991年。

7.《韩愈年谱》，[宋]吕大防等撰，徐敏霞校辑，中华书局1991年。

8.《韩愈评传》，卞孝萱、张清华、阎琦著，南京大学出版社1998年。

9.《历代诗话续编》，丁福保辑，中华书局1983年。

10.《十三经注疏》，[清]阮元校刻，中华书局1980年。

11.《陈寅恪集·金明馆丛稿初编》，陈寅恪著，生活·读书·新知三联书店2015年。

12.《唐会要》，[宋]王溥撰，中华书局1955年。

13.《退庵随笔》，[清]梁章钜著，江苏广陵古籍刻印社1997年。

14.《全唐文》，[清]董诰等编，中华书局1983年。

15.《陈子昂集》（修订本），[唐]陈子昂撰，徐鹏校点，上海古籍出版社2013年。

16.《新唐书》，[宋]欧阳修、宋祁撰，中华书局1975年。

17.《重校鹤山先生大全文集》，[宋]魏了翁撰，四部丛刊影印乌程刘氏嘉业堂藏宋刊本。

18.《史记》，[汉]司马迁撰，中华书局1959年。

19.《汉书》，[汉]班固撰，中华书局1962年。

20.《后汉书》，[南朝宋]范晔撰，中华书局1965年。

21.《三国志》，[晋]陈寿撰，中华书局1959年。

22.《晋书》，[唐]房玄龄撰，中华书局1974年。

23.《旧唐书》，[后晋]刘昫撰，中华书局1975年。

24.《资治通鉴》，[宋]司马光撰，中华书局1956年。

25.《魏书》，[北齐]魏收撰，中华书局1974年。

26.《李翱文集校注》，[唐]李翱撰，郝润华、杜学林校注，中华书局2021年。

27.《张籍集系年校注》，[唐]张籍撰，徐礼节、余怒诚校注，中华书局2011年。

28.《北史》，[唐]李延寿撰，中华书局1974年。

29.《李白集校注》，瞿蜕园、朱金城校注，上海古籍出版社1980年。

30.《全唐文纪事》，[清]陈鸿墀纂，上海古籍出版社1987年。

31.《六臣注文选》，[梁]萧统编，[唐]李善、吕延济、刘良等注，中华书局2012年。

32.《东坡志林》，[宋]苏轼撰，王松龄点校，中华书局1981年。

33.《新刊五百家注音辩昌黎先生文集》，[宋]魏仲举编，中华再造善本影印南京图书馆藏宋庆元六年（1200）魏仲举家塾刻本，北京图书馆出版社2006年。

34.《韩昌黎文学传论》，阎琦、周敏著，三秦出版社2003年。

35.《韩愈丛考》，刘国盈著，文化艺术出版社1999年。

36.《韩诗臆说》，程学恂著，商务印书馆1934年。

37.《全唐诗》，[清]彭定求等编，中华书局1960年。

38.《杜甫全集校注》，萧涤非主编，人民文学出版社2014年。

39.《二十二子》，上海古籍出版社1986年。

40.《李元宾文编》，[唐]李观撰，四库唐人文集丛刊，上海古籍出版社1993年。

41.《唐摭言》，[五代]王定保著，中华书局1959年。

42.《韩愈志》，钱基博著，上海古籍出版社2012年。

43.《孟郊集校注》，[唐]孟郊著，韩泉欣校注，浙江古籍出版社2012年。

44.《柳宗元集校注》，[唐]柳宗元撰，尹占华、韩文奇校注，中华书局2013年。

45.《蛾术编》，[清]王鸣盛撰，商务印书馆1958年。

46.《元和郡县图志》，[唐]李吉甫撰，贺次君点校，中华书局1983年。

47.《先秦汉魏晋南北朝诗》，逯钦立辑校，中华书局1983年。

48.《容斋随笔》，[宋]洪迈撰，孔凡礼点校，中华书局2005年。

49.《唐国史补　因话录》，[唐]李肇等撰，上海古籍出版社1979年。

50.《唐人行第录》，岑仲勉著，中华书局1962年。

51.《刘禹锡集笺证》，[唐]刘禹锡著，瞿蜕园笺证，上海古籍出版社1989年。

52.《长江集新校》，[唐]贾岛著，李嘉言新校，上海古籍出版社1983年。

53.《孙樵集》，[唐]孙樵著，四部丛刊初编影印明天启间吴馡刊本。

54.《中国通史》，范文澜、蔡美彪等著，人民出版社1994年。

55.《李商隐诗歌集解》（增订重排本），刘学锴、余恕诚著，中华书局2004年。

56.《白居易集》，顾学颉校点，中华书局1979年。

57.《苏轼诗集》，[清]王文诰辑注，孔凡礼点校，中华书局1982年。